汽车拆装与检测

主　编　刘春晖

北京理工大学出版社
BEIJING INSTITUTE OF TECHNOLOGY PRESS

内 容 简 介

本书共有车间安全、工作规范及注意事项,常用工具、量具及检测仪器设备的使用,发动机大修,发动机检测、维修项目,汽车底盘的拆装与检测,以及汽车电气系统拆装与检测6个项目,每个项目都划分出各自的任务。本书以丰富的图片、插图和简练的文字阐明任务具体的操作方法及工作要求(技能操作),目的在于使学生掌握专项操作技能;结合所完成的任务,讲述其相关理论知识(相关知识);介绍任务所涉及的最新领域与相关的技能(知识与能力拓展)。

本书围绕应用型本科教育的人才培养目标和人才需求组织内容,适应汽车服务工程、车辆工程专业教学改革需要,结合编写组多年教学经验编写而成。本书语言精练,以图为主、内容丰富、实用性强,既可作为汽车服务工程及其相关专业的教材使用,也可供广大汽车爱好者、驾驶员,以及大中专院校相关专业的师生阅读和参考。

图书在版编目(CIP)数据

汽车拆装与检测 / 刘春晖主编. --北京:北京理
工大学出版社, 2025. 3.
ISBN 978-7-5763-5199-6

Ⅰ. U463;U472. 9

中国国家版本馆 CIP 数据核字第 2025RB9542 号

责任编辑: 陆世立　　**文案编辑:** 李　硕
责任校对: 刘亚男　　**责任印制:** 李志强

出版发行 / 北京理工大学出版社有限责任公司
社　　址 / 北京市丰台区四合庄路6号
邮　　编 / 100070
电　　话 / (010) 68914026 (教材售后服务热线)
　　　　　　(010) 63726648 (课件资源服务热线)
网　　址 / http://www.bitpress.com.cn

版 印 次 / 2025 年 3 月第 1 版第 1 次印刷
印　　刷 / 三河市天利华印刷装订有限公司
开　　本 / 787 mm×1092 mm　1/16
印　　张 / 13. 75
字　　数 / 324 千字
定　　价 / 69. 00 元

前 言

党的二十大以来，汽车技术发生了一系列的变化，汽车逐渐深入到社会生活和人们的日常生活中，社会对汽车相关人才的需求，尤其是汽车售后服务行业的人才需求与日俱增。汽车售后服务领域和售后服务人才需求也进入了新常态，一方面表现为汽车销售及售后服务业对人才需求旺盛；另一方面表现为能够适应现代汽车销售市场和售后市场的中高级人才匮乏。

为了给社会培养更多有用的人才，近年来，国内应用型本科院校的汽车服务工程专业在迅速扩充规模的同时，也在积极探索新的人才培养模式，调整课程体系，积极探索行动导向教学法，以满足培养适应新形势下现代汽车售后服务类人才的需要。

本书共有车间安全、工作规范及注意事项，常用工具、量具及检测仪器设备的使用，发动机大修，发动机检测、维修项目，汽车底盘的拆装与检测，以及汽车电气系统拆装与检测6个项目，每个项目都划分出各自的任务。本书以丰富的图片、插图和简练的文字阐明任务具体的操作方法及工作要求(技能操作)，目的在于使学生掌握专项操作技能；结合所完成的任务，讲述其相关理论知识(相关知识)；介绍任务所涉及的最新领域与相关的技能(知识与能力拓展)。

本书内容新颖，满足教学改革需要。每个任务都是经过社会调查与企业专家论证、教学专家研讨提炼，并与企业一线技术人员共同编写完成的。本书内容全面，适应性强。通过精心设计的项目任务，将汽车结构、保养、维修、检测等理论知识巧妙地串联起来，具有一定的系统性，也可以作为传统"汽车构造"课程理论与操作的选用教材。

本书以从实践中归纳的典型工作任务入手，提炼出适合教师教学和学生学习训练的项目任务，注重知识的应用和能力素质的培养，任务明确，内容选择简练，基础理论浅显，以够用为度，技能操作简单实用，循序渐进，非常适合应用型本科汽车服务工程、车辆工程专业的学习。

本书由山东华宇工学院刘春晖任主编，参加本书编写工作的还有山东华宇工学院王淑芳、孙长勇、张文、黑会昌、刘凤阁，以及德州瑞驰汽车销售有限公司技术总监张之猛、德州元盛鑫喜汽车销售服务有限公司技术总监王云辉。

由于编者水平所限，书中难免存在疏漏和不足之处，恳请广大读者批评指正。

目　录

项目一　车间安全、工作规范及注意事项 ………………………………………… （1）

　　任务一　车间的安全知识 ……………………………………………………… （1）

　　任务二　基本工作规范 ………………………………………………………… （3）

　　任务三　维修注意事项 ………………………………………………………… （13）

项目二　常用工具、量具及检测仪器设备的使用 ……………………………… （16）

　　任务一　常用工具的使用 ……………………………………………………… （16）

　　任务二　常用量具的使用 ……………………………………………………… （28）

　　任务三　常用检测仪器设备的使用 …………………………………………… （33）

项目三　发动机大修 ……………………………………………………………… （41）

　　任务一　拆卸和分解发动机 …………………………………………………… （41）

　　任务二　检修气缸盖和气缸体总成 …………………………………………… （57）

　　任务三　组装和安装发动机 …………………………………………………… （86）

　　任务四　发动机磨合和验收 …………………………………………………… （99）

项目四　发动机检测、维修项目 ………………………………………………… （101）

　　任务一　发动机检测项目 ……………………………………………………… （101）

　　任务二　发动机维修项目 ……………………………………………………… （114）

项目五　汽车底盘的拆装与检测 ………………………………………………… （142）

　　任务一　离合器的拆装与检测 ………………………………………………… （142）

　　任务二　手动变速器的拆装与检测 …………………………………………… （147）

　　任务三　万向传动装置的拆装与检测 ………………………………………… （156）

　　任务四　驱动桥的拆装与检测 ………………………………………………… （164）

　　任务五　车桥的拆装与检测 …………………………………………………… （170）

　　任务六　机械转向系统的检查与调整 ………………………………………… （175）

　　任务七　制动系统的检查与调整 ……………………………………………… （177）

项目六　汽车电气系统拆装与检测 ……………………………………………… （184）

　　任务一　交流发电机的拆装与检测 …………………………………………… （184）

　　任务二　起动机的拆装与检测 ………………………………………………… （195）

　　任务三　点火系统的检测 ……………………………………………………… （205）

参考文献 …………………………………………………………………………… （212）

项目一
车间安全、工作规范及注意事项

任务一 车间的安全知识

一、车间安全规则

汽车维修车间的每一个人都必须遵守车间安全规则，以避免车间内发生危险，造成人身伤害和汽车损坏等财产损失。

1. 汽车维修车间的主要危险

（1）汽油和油漆等易燃液体必须适当处理和储存，否则容易引起火灾。

（2）易燃材料（如浸油的抹布等）必须适当存放，以免引起火灾。

（3）蓄电池含有硫酸溶液，充电时会产生能够爆炸的氢气。

（4）松动的排水沟（井）盖可能会引起脚或脚趾损伤。

（5）腐蚀性液体（如清洗液等）对皮肤和眼睛有害。

（6）车间压缩空气系统的高压空气如果穿透皮肤进入血管是非常危险的。

（7）电气设备或电灯导线破损会导致严重的触电事故。

（8）危险废料（如废旧蓄电池等）必须正确处理，以免造成人身伤害。

（9）汽车排出的一氧化碳是有毒的。

（10）宽松的衣服和长发可能会缠绕在设备或汽车的旋转部件上，导致严重的人身伤害。

（11）某些修理作业产生的粉尘和蒸气是有害的，例如，维修制动盘、鼓，以及离合器摩擦衬片时产生的石棉粉尘是导致肺癌的原因之一。

（12）某些设备（如气动扳手等）发出的高分贝噪声可能伤害听力。

（13）洒在车间地面上的机油、润滑剂、水或零件清洗液可能会导致人滑倒，造成严重后果。

2. 人身保护措施

（1）在车间内一定要戴安全眼镜或面罩，车间常用于保护人身安全的安全装备如图 1-1 所示。

（2）在高噪声环境下工作时应戴耳塞或耳罩。

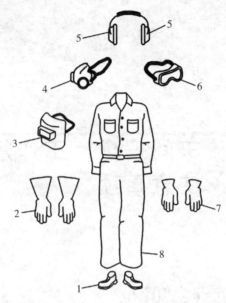

1—劳保鞋；2—焊工手套；3—焊接罩；4—呼吸器；5—耳罩；6—安全镜；7—手套；8—工作服。

图1-1　安全装备

（3）一定要穿适合保护脚的靴子或鞋子。在汽车维修车间工作时，适合穿厚底靴子或足尖处有钢板盖的鞋子，能够防止重物下落、火花飞溅以及腐蚀液体对脚的伤害。

（4）在进行汽车维修作业时，不要戴手表或其他金属饰品，避免将电路搭铁短接引起火灾。

（5）不要穿宽松的衣服，长发要束在脑后，宽松的衣服和长发容易缠绕到旋转的部件上。

（6）在粉尘环境下工作时，应戴呼吸器以保护肺部。

3. 汽车维修车间安全守则

（1）保持车间地面清洁，有任何东西污染了地面应立即进行清洁。

（2）油漆或其他易燃液体应储存在密闭的储存器内。

（3）沾油的抹布必须放在安全、有盖的废物箱内，避免发生自燃，引起火灾。

（4）保持车间整洁，不要将重物（如用过的零件等）留在工作台上。

二、查阅维修信息

在进行维修工作前，应获得相应的维修信息。

1. 汽车维修手册

汽车维修手册是汽车产品售后服务的技术文件之一，专供具有专业技术资格的维修人员使用。汽车维修手册通常包含以下维修信息。

（1）注意事项：包括维修中需要注意的事项，涉及安全的警告。

（2）维修程序：包括拆装程序、专用工具的使用方法等。

（3）检测程序：包括零件测量方法、专用检测仪器使用方法等。

（4）规格要求：包括各类消耗品的规格要求及各种油液的牌号要求等。

（5）技术参数：包括发动机在内的汽车各零部件的使用极限、尺寸标准、配合间隙标准和调整要求等。

2. 发动机维修手册

发动机维修手册是为发动机维修提供所需的维护修理信息的技术文件。在进行发动机拆装维护修理时必须按照发动机维修手册的提示和维修步骤进行。

任务二 基本工作规范

一、基本操作规范

在汽车维修车间里进行工作时，应遵守基本的操作规范。

1. 车间内着装

务必穿着干净的工作服，必须戴好帽子，穿好安全鞋，如图1-2所示。

图1-2 车间内着装

2. 车辆保护

开始维修前，准备好散热器格栅罩、翼子板保护罩、座椅护面及地板垫，如图1-3所示。

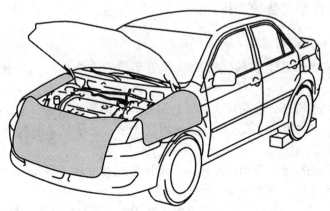

图1-3 车辆保护

3. 安全操作

（1）两个及两个以上人员一起工作时，一定要相互检查安全情况。

（2）在发动机运转的情况下进行工作时，确保工作间通风，以排出废气。

（3）维修高温、高压、旋转、移动或振动的零件时，一定要佩戴适当的安全装备，并且格外注意不要碰伤自己或他人。

4. 安全顶起和支撑车辆

（1）顶起和支撑车辆时要小心，一定要在正确的位置顶起和支撑车辆，并且必须使用安全底座支撑规定部位。丰田威驰汽车的顶起和支撑位置如图1-4所示。

（2）举升车辆时，必须使用适当的安全设备。

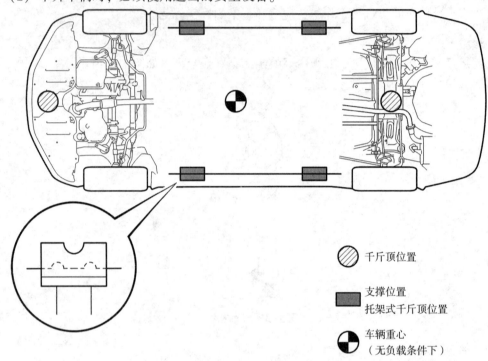

千斤顶位置

支撑位置
托架式千斤顶位置

车辆重心
（无负载条件下）

图1-4　丰田威驰汽车的顶起和支撑位置

二、维修工具和设备的使用规范

1. 维修工具和设备的准备

在进行发动机维修作业前应详细阅读相应车型的维修手册，并准备相应的工具和设备。

（1）常用工具的准备。发动机维修的常用工具包括套筒扳手、梅花扳手、开口扳手、鲤鱼钳、尖嘴钳、扭力扳手、橡胶锤、螺丝刀（十字、一字）、铜棒、记号笔、刮刀、磁性手柄、气枪和刷子等。

（2）常用设备的准备。发动机维修的常用设备包括发动机翻转架、工作台、工具车、台虎钳和零件清洗盘等，如图1-5所示。

（3）专用维修工具的准备。发动机维修的常用专用工具包括带轮拉具、气门油封拆装工具、气门拆装工具、活塞销拆装工具、活塞环钳和机油滤清器扳手等。

（4）测量工具的准备。常用的测量工具包括百分表及表架、量缸表、千分尺、塑料间隙规和塞尺等。

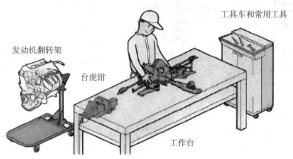

图 1-5　发动机维修的常用设备

2. 维修工具和设备的使用规范

在维修作业中，要正确使用相关的维修工具和设备，通常有以下要求。

（1）正确选择工具。每件工具和测量仪器都有其特定的功能，要根据零件的形状、尺寸和工作场地选择适合的工具。如果用于规定之外的用途，可能会导致工具或测量仪器损坏，也会损坏零件或者导致工作质量降低。

（2）正确使用工具。每件工具和测量仪器都有规定的使用方法和操作程序。要确保在工作部件上正确使用工具，用在工具上的力要恰当，工作姿势也要正确。

（3）管理和维护。工具和测量仪器要放在容易拿到的位置，使用后要放回原来的正确位置。工具要在使用后应立即清洗并在需要的位置涂油。若毁坏需及时完成修理，以保证工具处于完好状态。

三、拆卸和安装规范

当部件用多个螺栓安装时，遵照以下各点能防止损坏和事故（受伤），以便能顺利地完成工作。

1. 松动和紧固的顺序

按照规定的顺序，每次均匀、少许地松动和紧固螺栓以防变弯，除去以下部件，有些部件要按特殊的顺序紧固和松动，应按照维修手册进行操作。螺栓的松动顺序和紧固顺序如图 1-6、图 1-7 所示。

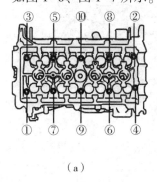
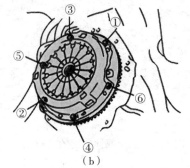
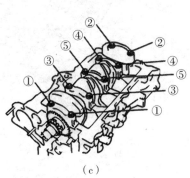

（a）　　　　　（b）　　　　　（c）

图 1-6　螺栓的松动顺序
（a）矩形部件；（b）圆柱形部件；（c）盖

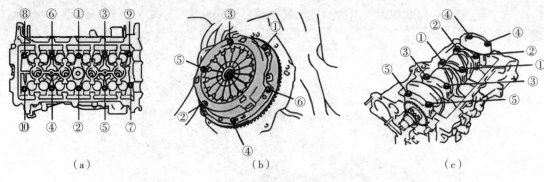

图 1-7　螺栓的紧固顺序

（a）矩形部件；（b）圆柱形部件；（c）盖

（1）矩形部件（如气缸盖等）。拆卸时，从外侧向内侧松动螺栓。安装时，从内侧向外侧紧固螺栓。

（2）圆柱形部件（如离合器等）。按对角线方向每次少许松动和紧固螺栓。

（3）盖（如轴承盖等）。拆卸时，从外侧向内侧松动螺栓。安装时，从内侧向外侧紧固螺栓。

注意：只在一侧松动螺栓会导致零件变形及螺栓弯曲。

2. 防止部件掉落的措施

发动机和变速驱动桥等较重部件安装时，用多只高扭矩螺栓。拆卸和安装这些部件时，为避免掉落，不要一次拆掉所有的螺栓，如图 1-8 所示。

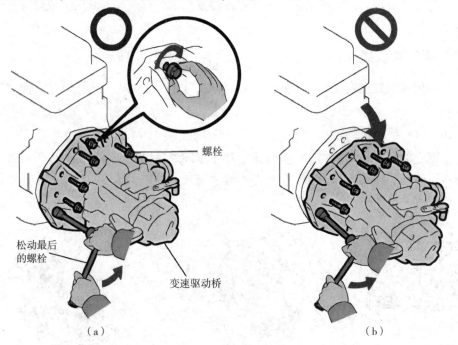

图 1-8　防止部件掉落的措施

3. 松动和安装螺栓

（1）松动螺栓时，如果有较重的部件作用于螺栓会很难顺利地松动螺栓。先使用设备顶起该部件可消除作用于螺栓上的力，再拆卸螺栓，如图1-9所示。

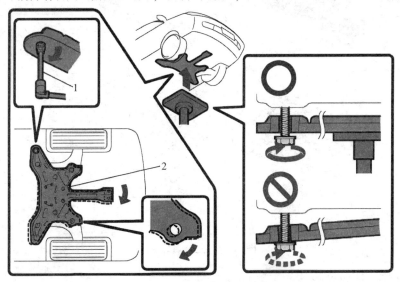

1—紧固螺栓；2—悬梁架。

图1-9　顶起部件

（2）安装多只螺栓时，应先将所有螺栓对齐螺栓孔并旋入螺纹后，再紧固。

4. 安装螺栓的检查

安装螺栓时，必须检查螺栓孔内是否存在液体（例如水或油），必要时进行清洁，清理螺栓孔如图1-10所示。

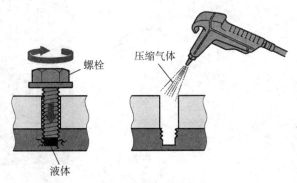

图1-10　清理螺栓孔

5. 塑性域螺栓

物体在受到外力时形状改变，外力消失后恢复原状的特性被称为弹性。反之，物体在受到外力时形状发生改变，当外力消失时，物体不能恢复原状，这种特性被称为塑性。当物体的受力超过弹性极限时就会导致塑性变形。

塑性域螺栓能提供更可靠的轴向拉力和稳定性，例如，某些发动机的气缸盖螺栓和轴承盖螺栓，如图1-11所示。

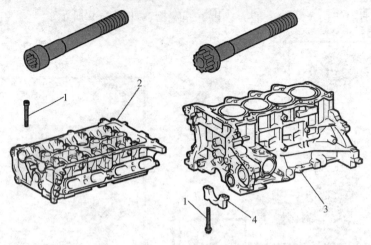

1—塑性域螺栓；2—气缸盖；3—气缸体；4—曲轴轴承盖。

图 1-11　塑性域螺栓

1) 塑性域螺栓的特性

塑性域螺栓在上紧时，其紧固程度应超过弹性区域到达塑性区域，而在塑性区域里，旋转角度的变化不影响轴向拉力的大小，如图 1-12 所示，这种紧固方法降低了相对于螺栓转动角度的轴向拉力的非均匀度，增加了螺栓的稳定轴向拉力。

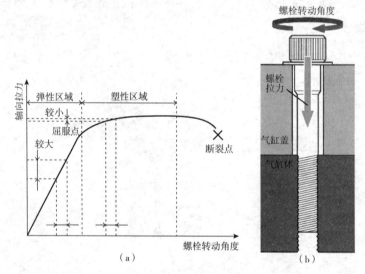

图 1-12　塑性域螺栓的特性

2) 塑性域螺栓的紧固方法

（1）在螺丝上和螺栓头部的下面涂抹一层薄薄的机油，按照规定的扭矩均匀地安装并上紧螺栓。

（2）给每一只螺栓作油漆标记，紧固螺栓到维修手册规定的角度。

（3）最后检查油漆标记的位置。

例如，丰田 1SZ-FE 发动机要求上到规定扭矩后，再扭转 90°+90°，拧紧塑性域螺栓如图 1-13 所示。

3) 如何判断塑性域螺栓能否被继续使用

拆卸下来的塑性域螺栓必须判断能否被继续使用。测量塑性域螺栓的张紧力位置直径和测量塑性域螺栓的长度，如图 1-14 所示，如果超出规定值则必须更换。

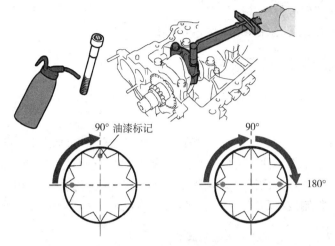

图 1-13　拧紧塑性域螺栓

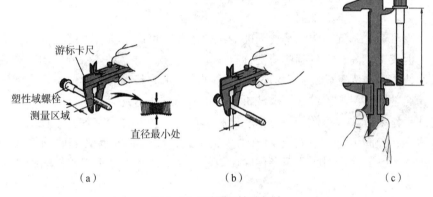

（a）　　　　　　　　　　（b）　　　　　　　　　　（c）

图 1-14　测量塑性域螺栓

（a）在螺纹处测量；（b）在无螺纹处测量；（c）测量全长

6. 拆下的零件的放置

（1）应将拆下的零件整齐地摆放在工具车内，如图 1-15 所示，以免与新零件混淆或弄脏新零件。

图 1-15　将拆下的零件整齐地摆放在工具车内

（2）对于不可重复使用的零件，例如，衬垫、O形密封圈和自锁螺母，需按照维修手册中的说明使用新零件进行更换。

（3）若客户有要求，则保留拆下的零件以备客户检查。

四、发动机零件的清洗方法

发动机零件的清洗方法主要包括机械清洗法和化学清洗法。

1. 机械清洗法

机械清洗法就是使用刮刀、油石和刷子等，对零件表面上的积炭、胶质、油污和残留的衬垫等进行清洗。刮刀、油石可用于平面的清洗，刷子则可用于不平表面的清洁。

机械清洗法还包括喷砂清洗，即采用喷砂机，利用压缩空气，将砂粒（通常可用桃、李、杏果核砸碎去仁制成）以一定的速度喷向零件表面，其清洁效果很好。

2. 化学清洗法

化学清洗法就是使用清洗剂来溶解零部件表面上的污物，或使其变松，以便污物能被刷掉或冲洗掉。化学清洗法所用的清洗剂有两类，一类是以溶剂为基础的化学清洗剂；另一类是以水为基础的化学清洗剂。

大部分以溶剂为基础的化学清洗剂的清洗效果好，可用于清洗气门上的积炭等难以去除的污垢，但成本较高，而且有些清洗剂有一定的毒性。出于对环保的考虑，现在很多的清洁方法都使用以水为基础的化学清洗剂。大部分以水为基础的化学清洗剂是溶于水的硅酸盐溶液，通常通过浸泡零件或在清洗机中用喷射的方式达到清洗的目的。

在清洗工作中应注意：橡胶、胶木、塑料、铝合金、锌合金零件及牛皮油封等，不能用碱溶液清洗；预润滑轴承、含油粉末轴承，不允许浸泡在易使其变质的溶液和油中清洗；在选用酸、碱的溶液时，既要考虑除垢效能，又要注意对被清洗零件的腐蚀作用。

3. 发动机主要零件的清洗

发动机零件的清洗需根据污垢类型和零件的材质选择合适的方法，常用方法包括以下3种。

（1）使用刮刀、刷子和油石。如果零件上附着有积炭，可用刮刀刮去，并用刷子和油石清洁。根据零件的材质选择适当的刷子，使用钢丝刷会损伤塑料零件。注意不要损坏衬垫安装表面，否则将造成漏水、漏油或压缩空气的泄漏。使用刮刀、刷了和油石清洗零件如图1-16所示。

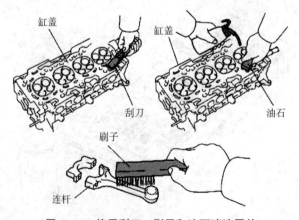

缸盖　缸盖　刮刀　油石　刷子　连杆

图1-16　使用刮刀、刷子和油石清洗零件

（2）使用洗涤油。洗涤油可使用煤油或无铅汽油。用刷子和煤油清洗零件如图1-17所示。使用洗涤油清洁零件后，要用水将其冲掉，然后用压缩空气吹干，并涂上发动机机油，以免生锈。橡胶或塑料材质的部位不能使用煤油或汽油清洗。

（3）使用压缩空气。使用压缩气吹枪吹扫零件的灰尘、湿气或油，如图1-18所示。使压缩气吹枪朝下吹出，这样可避免灰尘四处飞扬或对人体健康产生危害。

图1-17　用刷子和煤油清洗零件　　　　图1-18　使用压缩气吹枪吹扫零件

五、密封胶和衬垫的处理方法

为了防止漏油和漏水，一些部件（如油底壳等）的安装面有密封胶和衬垫。

1. 拆卸黏合的零件

在拆卸有密封胶或衬垫的零件时，可使用专用工具拆卸，或使用一字槽螺钉旋具（用胶带缠绕其尖端）撬开、塑料锤击打等方法，在拆卸时不能造成零件接触面的变形。

以拆装丰田1SZ-FE发动机的油底壳为例。把专用工具（油底壳密封刮刀）直插入油底壳与气缸体等的安装面，如图1-19所示。第一次把专用工具插入到安装面时，要均匀地插入，避免油底壳变形。沿对角斜面敲击专用工具，使专用工具水平移动，分开密封面。

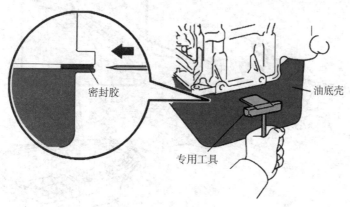

图1-19　拆卸黏合的零件

2. 密封胶和衬垫的清洁方法

密封胶和衬垫的清洁如图 1-20 所示，其过程如下：

（1）用刮刀、油石和刷子清除掉尘土和老密封胶；

（2）用清洗油辅助清除密封胶；

（3）用清洁的汽油清除残留油脂。

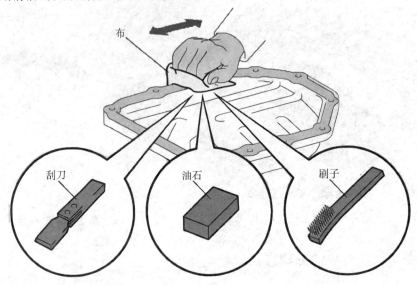

图 1-20　密封胶和衬垫的清洁

在清洁密封胶和衬垫时，小心不要造成涂有密封剂的表面损伤。涂有密封剂的表面上若有任何油或异物，将不利于结合面的紧密黏结，并导致漏油。

3. 涂抹密封胶

在安装时，在清洁的结合表面均匀地涂抹一层密封胶，不要有任何间隙，如图 1-21 所示。密封胶的选用、涂抹位置和厚度参照维修手册。使用密封胶要详细阅读使用说明书。

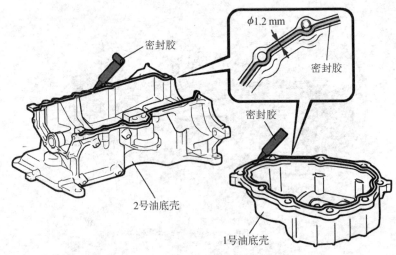

图 1-21　涂抹密封胶

任务三　维修注意事项

一、发动机维修的注意事项

1. 维修发动机时，将发动机总成安装到发动机翻转架上

2. **防止异物进入**

解体前应彻底清除附着在发动机外部的沙子和泥土；组装时使用塑料布盖住，保护拆散的零件，防止灰尘污染。

注意：异物（如灰尘、沙砾或金属屑等）进入发动机内部，常会导致发动机损坏。

3. **防止零件擦伤**

当分离零件的接触表面时，使用塑料锤轻轻敲击（不要用螺丝刀撬）。将零件固定到台钳上时，不要直接夹在台钳上，应通过稍软的材质（如铝片等）固定零件。

注意：接触和旋转表面存在的擦伤常会引起漏油和卡滞。

4. **注意零件的位置和方向**

每个零件都要按照解体时的位置和方向组装。措施如下。

（1）拆下的零件需要按分解的顺序摆放，不要改变位置或方向。

（2）如果零件上有安装的位置和方向标记，则按照维修手册要求安装；如果零件上没有标记，必要时可用记号笔进行标记。

5. **清洁、刷洗零件**

每个零件都需要很好地清洁、刷洗并吹干，必要时在重新安装前涂抹专用的油脂。

6. **基本修理提示**

（1）在安装螺栓、螺母时，应该按照维修手册的要求使用扭矩扳手拧紧到规定扭矩。

（2）给滑动和转动表面涂润滑油。

（3）非重复使用零件，例如，垫片和密封圈需要更换新件。

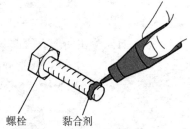

螺栓　　　黏合剂

图1-22　预涂黏合剂的螺栓

（4）当重新使用预涂黏合剂的螺栓时，清除旧的黏合剂并用压缩空气吹干。然后使用专用的黏合剂涂在螺栓、螺母的螺纹上，如图1-22所示。根据使用的密封涂料，留出必要的时间使其固化。

7. **燃油系统零件的分解和安装**

（1）分解和安装燃油系统零件时，开始操作前准备一个灭火器。

（2）为了防止静电，将燃油管接头、车辆和油箱接地；不要使用任何可能引起火花和高温的电器设备，如马达、工作灯等；不要使用铁锤，它可能会引起火花。

（3）燃油系统零件放置在通风良好和没有明火（如焊接、打磨、钻孔、电机和火炉等）的地方。

（4）不要在地沟或地沟附近燃油蒸气积聚的地方工作。

（5）从弃置的燃油中将抹布取出分别放置。

8. 发动机进气系统零件的分解和组装

（1）当拆下和安装进气系统零件时，用干净的抹布或胶带封闭拆下的进气系统零件或发动机的开口，如图1-23所示。

（2）当安装发动机进气系统零件时，应检查确认没有金属屑进入进气道。任何金属屑进入进气道，都可能对发动机和涡轮增压器造成严重影响。

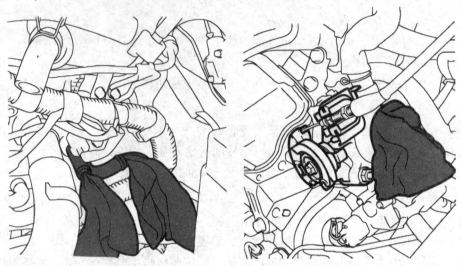

图1-23 封闭进气系统

9. 软管上卡箍的安装

（1）卡箍用钳子夹住取出。拆下卡箍要使用合适的工具，以免损坏，拆卸软管上卡箍的方法如图1-24所示。

（2）拆下软管前，检查插入部分的深度和卡箍的位置并保管好。使用旧软管时，在原来的位置安装卡箍，如图1-25所示。

（3）如果存在变形或弯曲，必须更换新零件。

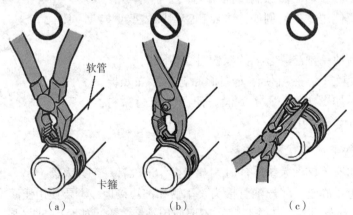

（a）　　　　　　　（b）　　　　　　　（c）

图1-24 拆卸软管上卡箍的方法

（a）正确做法；（b）错误做法；（c）错误做法

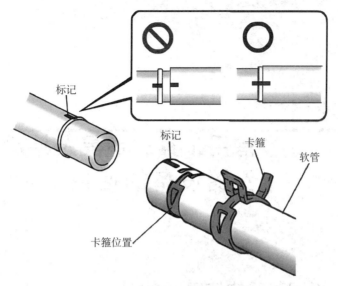

图 1-25 软管上卡箍的安装

二、车辆维护完毕后的注意事项

当车辆维护完毕后，需要完成以下注意事项。

1. 车辆修复后的检查

工作结束后，一定要将接头接好并可靠锁止，接头松动未锁住可能会使电路没有接通从而导致故障。确保连接的接头内没有任何水、油脂和脏物等。将线束正确布置并固定，如果线束与支架等干涉，则可能会由于短路导致故障。确保正确连接橡胶管，橡胶管接错或断开都会导致故障。

2. 维修场地和维修工具的清理

清理场地上的灰尘、油污和铁屑等脏物，将各种部件摆放整齐。使用完毕的工具应及时清洁后放回工具箱或工具柜中，以备下次使用。维护时更换下来的旧配件应征询客户的意见后，再进行处理，不应随意丢弃。

3. 车辆的清洗和复位

当车辆维护完毕后，应将车辆进行清洗，尤其是在维修中不小心弄脏的地方，一定要进行清洁。在维护中，可能会拆卸蓄电池电缆，此时应尽量使用备用电源向收放机等部件供电，避免客户的习惯设置丢失。如果没有备用电源，应在拆卸前记录下客户的设置，在维护完毕后重新恢复设置。

4. 给客户的建议

在维护中发现的其他故障应及时告知客户，由客户决定是否进行修理。维护完毕应告知客户车辆的状况，以及下一次维护的里程或时间。通常会在客户接车后的一定时间内进行回访，征询客户对维护质量和其他方面的满意情况，以作进一步改进。

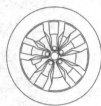

项目二
常用工具、量具及检测仪器设备的使用

任务一　常用工具的使用

一、普通扳手

1. 呆扳手

呆扳手如图 2-1 所示，其是一种最常见的维修工具，又称开口扳手。其开口的中心平面和本体中心平面成 15°角，这样既能适应人手的操作方向，又可降低对操作空间的要求。其规格是以两端开口的宽度来表示的，如 8-10（表示其开口的最大宽度分别为 8 mm 和 10 mm）、12-14（表示其开口的最大宽度分别为 12 mm 和 14 mm）等；通常是成套装备，有 9 件一套（图 2-2）、10 件一套等，通常用 45 钢、50 钢锻造，并经热处理。

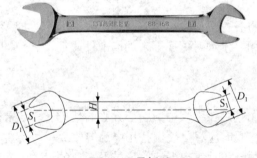

图 2-1　呆扳手

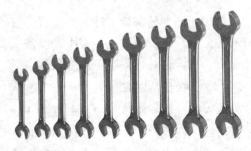

图 2-2　9 件套呆扳手

以下为呆扳手的使用方法及注意事项。

（1）呆扳手的规格应与所拆螺栓、螺母相适应。如果过大，呆扳手开口侧面就不能与螺栓头部或螺母贴紧，用力时呆扳手就会脱离螺栓头部或螺母，导致滑丝。

（2）使用呆扳手时，为了使扳手不致损坏或滑出，在最初旋松和最后旋紧螺栓时，拉力应施加在较厚一边的扳口上，但螺栓松动后可以翻转使用。

（3）使用呆扳手时，最好的效果是拉动，若必须推动，只能用手掌来推且手指要伸直，以防螺栓松动时碰伤手指。

（4）呆扳手钳口以一定角度与手柄相连。这意味着通过转动呆扳手，可在有限空间中进一步旋转。为防止相对的零件也转动，可使用两个呆扳手，例如，在拧松一根燃油管时，用两个呆扳手去拧松一个螺母。呆扳手不能提供较大转矩，因此不能用于最终拧紧。不能在呆扳手手柄上接套管，这会造成转矩过大，从而损坏螺栓或呆扳手。

呆扳手的正确使用如图 2-3 所示。

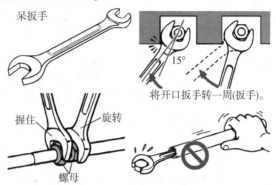

图 2-3　呆扳手的正确使用

2. 梅花扳手

梅花扳手如图 2-4 所示，其同呆扳手的用途相似，其两端是花环式的，孔壁一般是十二边形，可将螺栓和螺母头部套住，扭转力矩大，工作可靠，不易滑脱，携带方便。使用时，扳动 30° 角后，即可换位再套，因此适用于狭窄场合下操作。与呆扳手相比，梅花扳手强度更高，这种扳手的特点是使用时不易滑脱，但套上、取下不方便。

梅花扳手的规格是以闭口尺寸来表示，表示方法及含义与呆扳手一致，如 8-10、12-14 等；通常是成套装备，有 8 件一套（图 2-5）、10 件一套等；通常用 45 钢或 40Cr 锻造，并经热处理。

图 2-4　梅花扳手

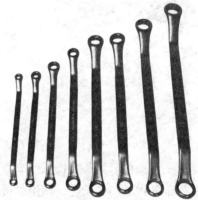

图 2-5　8 件套梅花扳手

梅花扳手的使用如图 2-6 所示，以下为梅花扳手使用方法及注意事项。

（1）因为扳手钳口是双六角形的，可以容易地装配螺栓或螺母，可以在一个有限空间内重新安装。

（2）由于螺栓或螺母的六角形表面被包住，因此没有损坏螺栓角的危险，并可施加大扭矩。

（3）由于轴是有角度的，因此可用于在凹进空间里或在平面上旋转螺栓或螺母。

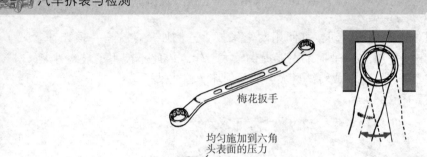

图 2-6　梅花扳手的使用

3. 两用扳手

两用扳手如图 2-7 所示，其兼有两种扳手的优点，更方便使用，两用扳手就是把呆扳手和梅花扳手制成一体，即一端是呆扳手，另一端是梅花扳手，并且呆扳手和梅花扳手的公制尺寸相同。呆扳手一端适合快拧，梅花扳手一端可用于大力矩紧固操作，工作效率高。因此，在汽车维护作业中，两用扳手的使用更加普遍，通常也是成套装备。8 件套两用扳手如图 2-8 所示。使用方法及注意事项与呆扳手和梅花扳手相同。

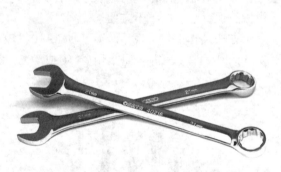

图 2-7　两用扳手

图 2-8　8 件套两用扳手

4. 套筒扳手

成套套筒扳手如图 2-9 所示，套筒扳手适用于拆装位置狭窄或需要一定转矩的螺栓或螺母，套筒扳手主要由套筒头、滑头手柄、棘轮手柄、快速摇柄、接头和加长杆等组成，各种手柄适用于各种不同的场合，使用时可组成一把扳手，其套筒部分与梅花扳手的端头相似。

套筒制成单件，可以拆下。可根据需要，选用不同规格的套筒和各种手柄进行组合。例如，活动手柄可以调整所需力臂，快速手柄用于快速拆装螺母、螺栓，同时还能配用扭力扳手显示扭紧力矩。套筒扳手具有功能多、使用方便、安全可靠的特点，尤其对拆装部位空间狭小、凹下很深或不易接近等部位的螺栓或螺母更为方便、实用。以操作方便或提高效率为原则，常用套筒扳手的规格是 10～32 mm。常用的套筒扳手有 13 件套、17 件套和 24 件套等多种规格。

（1）套筒头。套筒头是圆筒形状，使用时环孔紧套在螺栓或螺母的6个面上，所以不会打滑或脱落，是汽车维护作业中的常用工具。套筒头的环孔形状与梅花扳手相同，有六角或十二角，如图2-10所示，但二者的强度基本没有区别，可以随意选择，但是紧固小尺寸的螺栓或螺母时，为防止螺栓变形，建议选用六角。

图2-9 成套套筒扳手

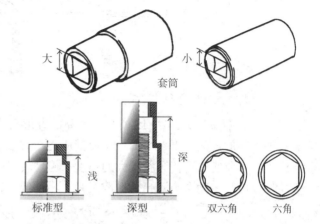

图2-10 套筒头的环孔形状

根据套筒扳手的不同用途，可分为利用棘轮手柄作业的手动套筒扳手和利用气动工具、电动工具作业的机动套筒扳手。一般机动套筒扳手比手动套筒扳手的尺寸大15%~20%，并且机动套筒扳手的强度和硬度都比较高，表面更不易变形。所以不可以将手动套筒扳手代替机动套筒扳手使用，以免损坏。

（2）手柄。套筒扳手的手柄包括棘轮扳手手柄（图2-11）、滑动扳手手柄和旋转扳手手柄（图2-12），棘轮扳手手柄能提高工作效率，使用广泛，棘轮扳手手柄的方头部分为棘轮结构，可以切换正转或反转，特别适合狭窄场合使用。此外，还有L形伸缩扳手、快速摇柄、滑行头手柄（图2-13）等。滑行头手柄的手柄头可沿扳杆滑动，力臂可以变化，L形伸缩扳手可倾斜一定角度旋转套筒头，快速摇柄能连续转动，使用方便，工作效率较高。

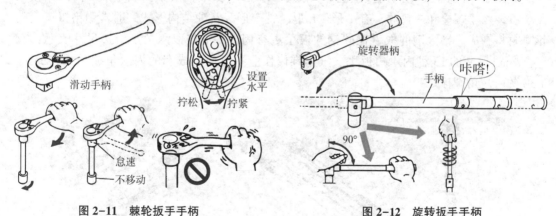

图2-11 棘轮扳手手柄   图2-12 旋转扳手手柄

（3）加长杆。如图2-14所示，加长杆连接在套筒头与手柄之间，适合在狭窄空间作业，可用于拆下和更换装得太深不易接触的螺栓或螺母；加长杆也可用于将工具抬离平面一定高度，便于使用。可根据使用情况，选择接杆的长度。

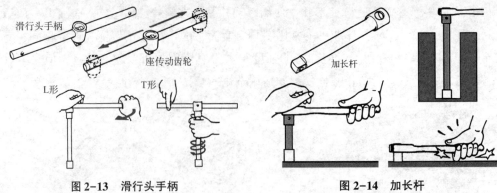

滑行头手柄　座传动齿轮　加长杆

L形　　T形

图 2-13　滑行头手柄　　　　　图 2-14　加长杆

（4）万向接头。如图 2-15 所示，套筒的方形套头部分可以前后或左右移动，手柄和套筒扳手之间的角度可以自由变化，使其成为在有限空间内工作的有用工具。

注意：不要使用手柄倾斜较大的角度来施加转矩；不能用于风动工具，因为球节处由于不能吸收旋转摆动会脱开，并造成工具、零件或车辆损坏。

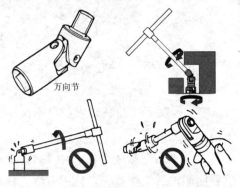

万向节

图 2-15　万向接头

5. 内六角扳手

如图 2-16 所示，内六角扳手也称为六角棒扳手，其断面形状为六角形。内六角扳手用于拆装六角螺栓和螺钉的，有 T 形、L 形、管套形等几种结构形式。通常用铬钒钢、碳钢等材料制成。铬钒钢的扳手比碳钢的扳手更有韧性。规格以六角形对边尺寸表示，有 3~27 mm 尺寸的 13 种内六角扳手。汽车维修作业中可使用成套的内六角扳手拆装 M4~M30 的内六角螺栓。

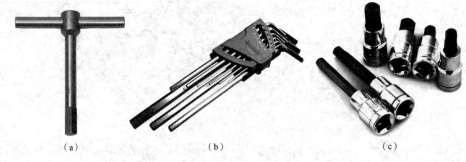

（a）　　　　　　　（b）　　　　　　　（c）

图 2-16　内六角扳手

（a）T 形；（b）L 形；（c）管套形

6. 活扳手

活扳手如图 2-17 所示，其开口尺寸能在一定的范围内任意调整，可用于拆装不规则的螺母或螺栓，使用场合与呆扳手相同，但活扳手操作起来不太灵活。其规格是以最大开口宽度来表示的，常用的有 150 mm、300 mm 等，通常是由碳素钢或铬钢制成的。

图 2-17　活扳手

其使用方法及注意事项：使用活扳手时，应将活动钳口调整合适，工作时应使扳手可动部位承受推力，固定部分承受拉力，并且用力应均匀。汽车维修作业中，应尽量使用梅花扳手和呆扳手，不得已使用活扳手时，一定要调整好开口的尺寸与螺栓棱角的配合，小心使用，以防破坏螺栓棱角。使调节钳口在旋转方向上来转动扳手。如果不用这种方法转动扳手，压力将作用在调节螺杆上，使其损坏，如图 2-18 所示。

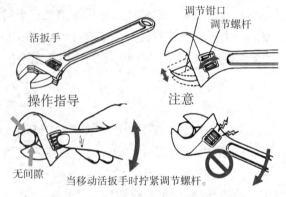

图 2-18　活扳手的使用方法及注意事项

7. 扭力扳手

扭力扳手如图 2-19 所示，其是一种用以拧紧螺栓或螺母达到规定的转矩并可读出所施转矩大小的专用工具，除可以用来控制螺纹件旋紧力矩外，还可以用来测量旋转件的起动转矩，以检查配合、装配情况。

图 2-19　扭力扳手

扭力扳手类型可分为预置型和板簧式，预置型通过旋转套筒可预设所要求的转矩。当螺栓在这些条件下拧紧时，会听到咔嗒声，表明已达到规定的转矩。板簧式是转矩扳手通过弯曲梁板，借助作用到旋转手柄上的力进行操作，此梁板由钢板弹簧制成。作用力可通过指针和刻度读出，以便取得规定的转矩。

以下为使用扭力扳手时的注意事项。

（1）所选用的扭力扳手的开口尺寸必须与螺栓或螺母的尺寸相符合，扳手开口过大易滑脱并损伤紧固件的六角。在进行进口汽车维修作业中，应注意扳手公/英制的选择。各类扳手的选用原则，一般优先选用套筒扳手，其次选用梅花扳手，再次选用呆扳手，最后选用活扳手。

（2）为防止扳手损坏和滑脱，应使拉力作用在开口较厚的一边。受力较大的活扳手尤其应该注意这一点，以防开口出现"八"字形，损坏螺母和扳手。

（3）扭力扳手是按人手的力量来设计的，遇到较紧的螺纹件时，不能用锤击打扳手；除套筒扳手外，其他扳手都不能套装加力杆，以防损坏扳手或螺纹连接件。

（4）使用扭力扳手，当听到"啪"的一声时，此时的转矩是最合适的。

（5）如果拧紧多个螺栓，应在每个螺栓上均匀施加扭力，重复2~3次。

（6）如果专用维修工具与转矩扳手一起使用，则应按照维修手册中的说明计算转矩。

（7）对于钢板弹簧型的扭力扳手，注意使用到其刻度的50%~70%量程，以便施加均匀的力，不要用力太大使手柄接触到杆。如果压力不是作用在销上的，则不能获得精确的转矩测量值。

8. 专用扳手

专用扳手是一种用途较为单一的特殊扳手的统称，通常以其用途或结构特点来命名。每一种专用扳手又可以按照不同的规格和尺寸进行分类。在使用专用扳手时，必须选用与零件相适应的扳手，以免扳手滑脱伤手或损坏零件。

（1）火花塞套筒扳手。如图2-20所示，火花塞套筒扳手主要用于拆装火花塞，根据火花塞型号的不同而不同。

（2）L形轮胎扳手。L形轮胎扳手主要用于拆装轮胎，如图2-21所示。

（3）多功能气门芯扳手。多功能气门芯扳手主要用于拆装气门芯，如图2-22所示。

（4）机油滤清器扳手。机油滤清器扳手主要用于拆装机油滤清器，如图2-23所示。

图2-20　火花塞套筒扳手　　　　　　　　　图2-21　L形轮胎扳手

图 2-22　多功能气门芯扳手

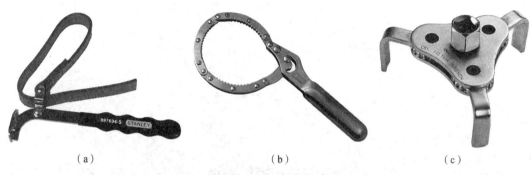

（a）　　　　　　　　　（b）　　　　　　　　　（c）

图 2-23　机油滤清器扳手

（a）带式；（b）链条式；（c）三爪式

9. 风动工具

如图 2-24 所示，风动工具使用压缩空气，并用于拆卸和更换螺栓或螺母。

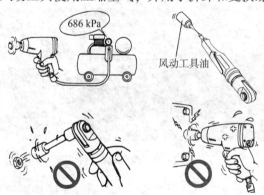

图 2-24　风动工具

其使用方法及注意事项：必须在正确的气压下使用，定期检查风动工具并用风动工具油润滑和防锈。如果用风动工具从螺钉上完全取下螺母，则旋转力可使螺母飞出，往往先用手将螺母对准螺钉，如果一开始就打开风动工具，则螺纹会被损坏。

注意：不要拧得过紧。使用较小的力拧紧，最后使用转矩扳手检查紧固转矩。

10. 冲击式风动扳手

如图 2-25 所示，冲击式风动扳手主要用于要求较大扭矩的螺栓或螺母，扭矩可调到

4~6 级，旋转方向可以改变，与专用的套筒扳手结合使用。专用的套筒扳手经过专门加工，其特点是能防止零件从传动装置上飞出。切勿使用专用套筒扳手以外的其他套筒扳手。

注意：在操作时必须使用两只手握住工具，因为按下按钮释放大的扭矩，可能会引起振动。扭矩调整按钮和旋转方向按钮的位置和形状因制造厂的不同而不同。

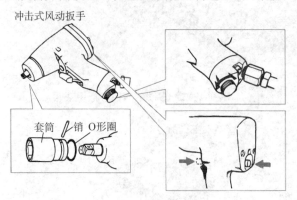

图 2-25　冲击式风动扳手

二、螺钉旋具

螺钉旋具又称螺丝刀，主要用于旋松或旋紧有槽螺钉。螺钉旋具有很多类型，其区别主要是尖部形状，每种类型的螺钉旋具按长度不同分为若干规格。常用的螺钉旋具是一字螺钉旋具和十字槽螺钉旋具，成套螺钉旋具如图 2-26 所示。

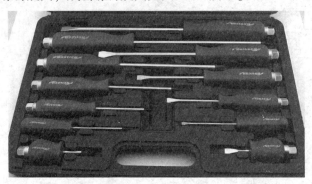

图 2-26　成套螺钉旋具

一字螺钉旋具又称一字起子、平口改锥，用于旋紧或松开头部开一字槽的螺钉，一般工作部分用碳素工具钢制成，并经淬火处理。其规格以刀体部分的长度表示，常用的规格有 100 mm、150 mm、200 mm 和 300 mm 等。使用时，应根据螺钉沟槽的宽度选用相应的规格。

十字槽螺钉旋具又称十字形起子、十字改锥，用于旋紧或松开头部带十字沟槽的螺钉，材料和规格与一字螺钉旋具相同。

其使用方法及注意事项如图 2-27 所示，使用尺寸合适的螺钉旋具，与螺钉的槽大小合适。保持螺钉旋具与螺钉尾端成直线，边用力边转动。切勿用鲤鱼钳或其他工具过度施加转矩。这可能刮削螺钉的凹槽或损坏螺钉旋具尖头。

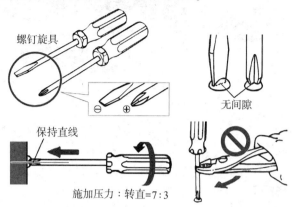

图 2-27 螺钉旋具的使用方法及注意事项

三、钳子

钳子常用于弯曲或安装小零件、剪断导线或螺栓等。

1. 鲤鱼钳

鲤鱼钳如图 2-28 所示。鲤鱼钳钳头的前部是平口细齿，适用于夹捏一般小零件；中部凹口粗长，用于夹持圆柱形零件，也可以代替扳手旋小螺栓、小螺母；钳口后部的刃口可剪切金属丝。由于一片钳体上有两个互相贯通的孔，又有一个特殊的销子，所以操作时钳口的张开度能很方便地变化，以适应夹持不同大小的零件。鲤鱼钳的使用如图 2-29 所示，改变支点上的孔的位置使钳口打开的程度可以调节，可用钳口夹紧或拉动，可在颈部切断细导线。在用钳子夹紧前，必须使用防护布或其他防护罩遮盖易损坏件。鲤鱼钳是汽车维修作业中使用最多的手钳。其规格以钳长来表示，一般有 165 mm、200 mm 两种，用50 钢制造。

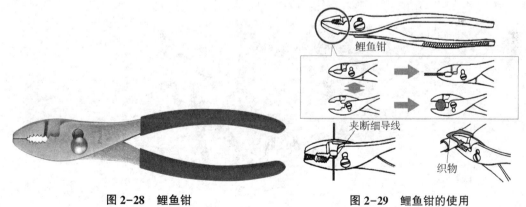

图 2-28 鲤鱼钳   图 2-29 鲤鱼钳的使用

2. 钢丝钳

如图 2-30 所示，钢丝钳的用途和鲤鱼钳相似，但其支销相对于两片钳体是固定的，故使用时不如鲤鱼钳灵活，但剪断金属丝的效果比鲤鱼钳要好，规格有 150 mm、175 mm、200 mm 三种。

图 2-30　钢丝钳

3. 尖嘴钳和弯嘴钳

尖嘴钳和弯嘴钳如图 2-31 和图 2-32 所示，因其头部细长，所以能在较小的空间内工作，带刃口的能剪切细小零件，使用时不能用力太大，否则钳口会变形或断裂。其规格以全长来表示，一般有 125 mm、150 mm、175 mm 三种。

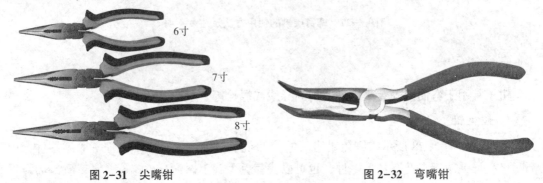

6寸

7寸

8寸

图 2-31　尖嘴钳

图 2-32　弯嘴钳

4. 挡圈钳

挡圈钳用于拆装弹性挡圈。挡圈分为孔用和轴用两种。因安装部位不同，挡圈钳可分为直嘴式和弯嘴式，又可分为孔用和轴用挡圈钳，挡圈钳如图 2-33 所示。汽车维修保养作业中应用较多的是 175 mm 挡圈钳。轴用挡圈钳和孔用挡圈钳的主要区别是轴用挡圈钳是拆装轴用弹簧挡圈的专用工具，轴用挡圈钳的手把握紧时钳口是张开的；孔用挡圈钳是拆装孔用弹簧挡圈用的，手把握紧时，钳口是闭合的。

图 2-33　挡圈钳

四、锤子

汽车维修作业中常用的锤子包括手锤、橡胶锤和木锤，如图 2-34 所示。手锤通常用工具钢制成，规格根据锤头质量划分，汽车维修作业中最常用的是圆头手锤。使用时应使锤头安装牢靠，手握锤柄末端，用锤头正面击打物体。木锤和橡胶锤主要用于击打零件加工表面，以保护零件不被损坏。

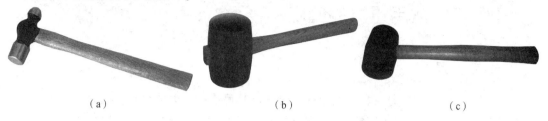

图 2-34　锤子

（a）手锤；（b）橡胶锤；（c）木锤

五、撬棍

撬棍是汽车工具箱中的一件普通工具，如图 2-35 所示，可用于撬动旋转件或撬开接合面，也可用于工件的整形，使用时将撬棍稳定支撑于某一位置，加力使其转动或撬起。使用时，撬棍不可代替铜棒使用，也不可用于软材质界面接合处。

图 2-35　撬棍

六、拉器

拉器是拆卸过盈配合安装在轴上的齿轮或轴承等零件的专用工具，可分为三爪控器与两爪控器，如图 2-36 所示。常用拉器为手动式，在一杆式弓形叉上装有压力螺杆和拉爪。使用时，在轴端与压力螺杆之间垫一垫板，用拉器的拉爪拉住齿轮或轴承，然后拧紧压力螺杆，即可从轴上拉下齿轮等过盈配合安装零件。

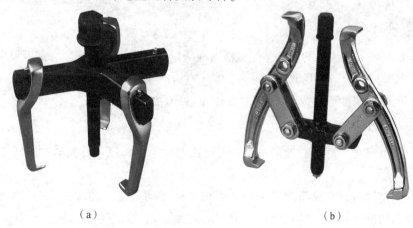

图 2-36　拉器

（a）三爪控器；（b）两爪控器

任务二　常用量具的使用

一、钢直尺

钢直尺（图2-37）是一种最简单的测量长度且可直接读数的量具，用薄钢板制成，常用于粗测工件的长度、宽度和厚度。常见钢直尺的规格包括 150 mm、300 mm、500 mm、1 000 mm 等。

图 2-37　钢直尺

二、卡钳

卡钳是一种间接读数的量具，卡钳上不能直接读出尺寸，必须与钢直尺或其他刻线量具配合测量。内卡钳用于测量内径、凹槽等；外卡钳用于测量外径和平行面等，如图 2-38 所示。

（a）　　　　　　　　　　　　　　　　（b）

图 2-38　卡钳

(a) 内卡钳；(b) 外卡钳

三、游标卡尺

游标卡尺是一种较精密的量具，能较精确地测量工件的长度、宽度、深度及内、外圆直径等尺寸。其常用的规格包括 0~125 mm、0~150 mm、0~200 mm、0~300 mm、0~500 mm 等。游标卡尺按其精度可分为 0.1 mm、0.05 mm、0.02 mm 三种。

1. 游标卡尺的构造

游标卡尺由尺身、游标、外测量爪、刀口内测量爪、深度尺、紧固螺钉等组成，其结构如图 2-39 所示。

内、外固定测量爪与尺身制成一体，而内、外活动测量爪和深度尺与游标制成一体，并可在尺身上滑动。尺身上的刻度每格为 1 mm，游标上的刻度每格不足 1 mm。当内、外测量爪合拢时，尺身与游标上的零刻线应重合；在内、外测量爪分开时，尺身与游标上的刻线即相对错动。测量时，根据尺身与游标错动情况即可在尺身上读出整数毫米数，在游标上读出小数毫米数。为了使测量好的尺寸不变动，可拧紧紧固螺钉使游标不再滑动。

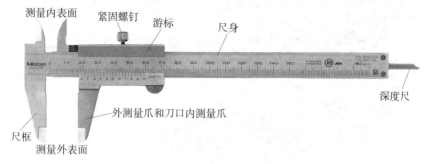

图 2-39　游标卡尺的结构

2. 刻线原理和读数方法

不同精度的游标卡尺的刻线原理和读数方法如表 2-1、图 2-40 所示。

表 2-1　游标卡尺的刻线原理和读数方法

精度值/mm	刻线原理	读数方法及示例
0.1	尺身 1 格＝1 mm，游标 1 格＝0.9 mm，共10 格，尺身、游标每格之差＝（1-0.9）mm＝0.1 mm	读数＝游标零刻线指示的尺身整数＋游标与尺身重合线数×精度值 示例： 读数＝（90+5×0.1）mm＝90.5 mm
0.05	尺身 1 格＝1 mm，游标 1 格＝0.95 mm，共20 格，尺身、游标每格之差＝（1-0.95）mm＝0.05 mm	读数＝游标零刻线指示的尺身整数＋游标与尺身重合线数×精度值 示例： 读数 ＝（30＋11×0.05）mm＝30.55 mm
0.02	尺身 1 格＝1 mm，游标 1 格＝0.98 mm，共50 格，尺身、游标每格之差＝（1-0.98）mm＝0.02 mm	读数＝游标零刻线指示的尺身整数＋游标与尺身重合线数×精度值 示例： 读数 ＝（23＋52×0.02）mm＝24.04 mm

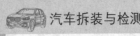
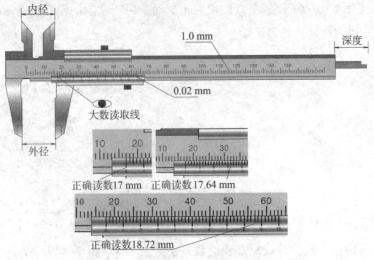

图 2-40　游标卡尺读数方法

四、千分尺

千分尺又称螺旋测微器，是比游标卡尺更为精确的一种精密量具，测量精度可达 0.01 mm，根据其用途的不同，可分为外径千分尺、内径千分尺、深度千分尺和螺纹千分尺等。这里只介绍常用的外径千分尺的构造、刻线原理和读数方法。

1. 外径千分尺的构造

外径千分尺主要用于测量工件外部尺寸。图 2-41 所示为外径千分尺，其测量的范围分为 0~25 mm、25~50 mm、50~75 mm、75~100 mm、100~125 mm 等。它由测砧、测微螺杆、螺纹轴套、固定套管、微分筒、调节螺母、测力装置、锁紧装置等组成。

图 2-41　外径千分尺

2. 刻线原理

千分尺是利用螺旋副传动原理，借助螺杆与螺纹轴套的精密配合，将回转运动变为直线运动，以固定套管和微分筒（相当于游标卡尺的尺身和游标）所组成的读数机构读得被测工件尺寸。

固定套管外面有尺寸刻线，上、下刻线每 1 格为 1 mm，相邻刻线间的距离为 0.5 mm。测微螺杆后端有精密螺纹，螺距为 0.5 mm，当微分筒旋转一周时，测微螺杆和微分筒一同前进或后退 0.5 mm，同时，微分筒就遮住或露出固定套管上的 1 条刻线。在微分筒圆锥面上，一周等分成 50 条刻线，当微分筒旋转一格（即一周的 1/50）时，测微螺杆就移动 0.01 mm，故千分尺的测量精度为 0.01 mm。

3. 读数方法

（1）读取固定套管上的毫米数和半毫米数。

（2）看微分筒上第几条刻线与固定套管的基线对正，即 0.01 mm 的数目。

（3）将两个读数值相加即可得到被测量工件的尺寸值。

在图 2-42（a）中，固定套管上露出来的数值是 7.50 mm，微分筒上第 39 格线与固定套管上基线正对齐，即数值为 0.39 mm，此时，千分尺的正确读数为 7.50 mm+0.39 mm = 7.89 mm。在图 2-42（b）、（c）中，千分尺的正确读数分别为 7.5 mm+0.35 mm=7.85 mm 和 0.50 mm+0.10 mm=0.60 mm。

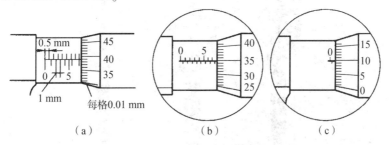

图 2-42 千分尺的刻度和读数示例

五、百分表

1. 百分表的结构特点

百分表是一种精度较高的齿轮传动式测微量具，如图 2-43 所示。它利用齿轮齿条传动机构将测杆的直线移动转变为指针的转动，由指针指出测杆的移动距离。因为百分表只有一个测量头，所以它只能测出工件的相对数值。百分表主要用于测量机器零件的各种几何形状偏差和表面相互位置偏差（如平面度、垂直度、圆度和跳动量等），也可测量工件的长度尺寸，常用于机床调试、工件检测等场合。它具有外形尺寸小、质量小、使用方便等特点。

图 2-43 百分表

2. 百分表的工作原理与读数方法

百分表的工作原理是将测杆的直线位移经过齿条与齿轮传动转变为指针的角位移。百分表的刻度盘圆周刻成 100 等份，其分度值为 0.01 mm。若主指针转动 1 周，则测杆的位移量为 1 mm；小指针转一格，测杆的位移量为 0.01 mm，此时读数为 0.01 mm。表圈和表盘是一体的，可任意转动，以便使指针对正零位。小指针用以指示大指针的回转圈数。常见百分表的测量范围为 0~3 mm、0~5 mm 和 0~10 mm 等。

六、内径百分表

内径百分表又称量缸表，借助百分表为读数机构，配备杠杆传动系统或楔形传动系统的杆部件组合而成。它用比较法来测量孔径及其几何形状偏差。在发动机拆装与检修中，内径百分表主要用于测量气缸的尺寸精度和形状精度，也可用于测量工件上孔的尺寸精度和形状精度。

图 2-44 所示为配备杠杆传动系统的内径百分表，它的上部是百分表，下部是量杆装置，上、下部分有联动关系。测量时，被测孔的尺寸偏差由活动测量头的位移，通过杠杆和传动杆传递给百分表。传动系统的传动比为 1，因此，测量头所移动的距离值与百分表的指示值相等。为了测量不同直径的缸体，内径百分表备有长短不同的固定量杆，并在各量杆上标有测量范围，便于选用。内径百分表的规格是按测量直径的范围来划分的，如 18～35 mm、35～50 mm、50～160 mm 等。汽车维修作业中常用内径百分表的规格为 50～160 mm。

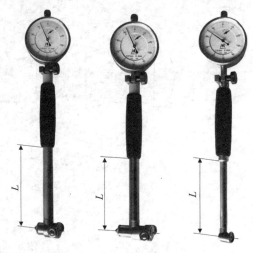

图 2-44　配备杠杆传动系统的内径百分表

七、火花塞间隙量规

火花塞间隙量规用于测量和调节火花塞间隙，如图 2-45 所示。测量范围为 0.8～1.1 mm。有不同厚度的量规可用于测量火花塞间隙，测量时把接地电极放在量规槽里进行弯曲，以便调整间隙。首先清洁火花塞，然后测量间隙最小处的值，使用滑动时有轻微阻力但没有松动的量规，并读出其厚度。调整火花塞间隙（图 2-46）时将调整板的缺口部分放在火花塞的接地电极上，然后弯曲电极以调整。操作过程中不要碰触到绝缘体和中心电极。

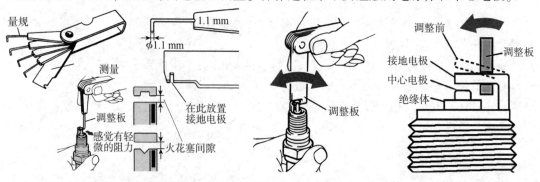

图 2-45　火花塞间隙量规　　　　　图 2-46　调整火花塞间隙

八、其他量具

1. 塞尺

塞尺又称厚薄规或测隙片，一般是成套供应，其外形如图 2-47 所示。塞尺由不同厚度的金属薄片组成，每个薄片有两个相互平行的平面和较准确的厚度。塞尺的规格用长度和每组片数来表示。其长度有 50 mm、100 mm、200 mm、300 mm，每组片数有 11~17 等多种。

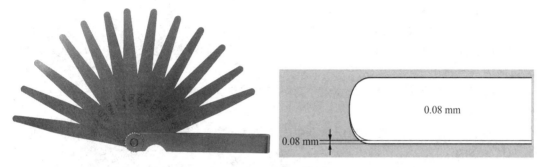

图 2-47 塞尺外形

塞尺主要用于检查两平面或接合面之间间隙的大小，塞尺与平尺及等高垫块结合使用，可检验平台台面的平面度。在汽车检修作业中，塞尺常用于测量零件之间的配合间隙，如气门间隙、曲轴轴向间隙等。

2. 螺纹样板

螺纹样板又称螺距规、螺纹规，有公制和英制两种。公制螺纹样板用于测量螺距；英制螺纹样板用于测量每英寸牙数。它们一般是成套供应的，公制上注有 60°和螺距数字，英制上注有 55°和每英寸牙数，以区分公/英制和螺纹的牙型角。公制的螺纹样板一套由 20 片组成，它的螺距有 20 种：0.4 mm、0.45 mm、0.5 mm、0.6 mm、0.7 mm、0.75 mm、0.8 mm、1 mm、1.25 mm、1.5 mm、1.75 mm、2 mm、2.5 mm、3.0 mm、3.5 mm、4 mm、4.5 mm、5 mm、5.5 mm 和 6 mm。

使用时，目测螺距后选择近似的一片与螺纹吻合。如果吻合严密，则该片上的数字为所测的螺距或每寸牙数。

3. 弹簧秤

弹簧秤用于测量拉力或弹力，其外壳的正面刻有量度单位，单位为 N 或 kgf。使用时，将要测的物体挂在钩上，拉动或提起圆环，弹簧就伸长，固定在弹簧上的指针也跟着移动，即可得出被测力的大小。

任务三 常用检测仪器设备的使用

一、滑脂枪

滑脂枪又称黄油枪，如图 2-48 所示。它是一种专门用来加注润滑脂（黄油）的工具，使用方法如下。

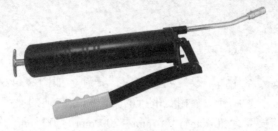

图 2-48　滑脂枪

（1）填装润滑脂。

①拉出拉杆使柱塞后移，拧下滑脂枪缸筒前盖。

②把干净润滑脂分成团状，缓缓装入缸筒内，且使润滑脂团之间尽量相互贴紧，便于缸筒内的空气排出。

③装回前盖，推回拉杆，柱塞在弹簧作用下前移，使润滑脂处于压缩状态。

（2）注油方法。

①将滑脂枪接头对正被润滑的滑脂嘴，直进直出，不能偏斜，以免影响润滑脂加注，减少润滑脂的浪费。

②注油时，若注不进油，应立即停止，并查明堵塞的原因，排除后再进行注油。

（3）加注润滑脂时，不进油的主要原因如下。

①滑脂枪缸筒内无润滑脂或压力缸筒内的润滑脂间有空气。

②滑脂枪压油阀堵塞或注油接头堵塞。

③滑脂枪弹簧疲劳过软而造成弹力不足或弹簧折断而失效。

④柱塞磨损过多而导致漏油。

⑤油脂嘴被泥污堵塞而不能注入润滑脂。

二、千斤顶

千斤顶是一种最常用、最简单的起重工具，根据工作原理的不同，可分为机械丝杆式和液压式，如图 2-49 所示；根据所能顶起的质量，可分为 3 000 kg、5 000 kg、9 000 kg 等规格。

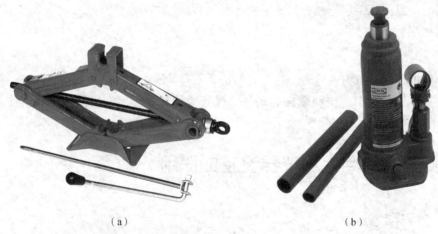

（a）　　　　　　　　　　　　　　　　　　　（b）

图 2-49　千斤顶

（a）机械丝杆式；（b）液压式

1）准备

在顶升前，应检查维修手册中说明的车辆举升点和马凳的支架支承点。确保马凳调到相同高度，将其放在车辆附近，将车轮挡块放在左前轮胎和右前轮胎的前面（如果车辆从后面顶升）。

2）顶升

在顶升时，将释放把手拧紧，把修车千斤顶放在规定位置再顶升车辆，注意它所面对的方向，通常从尾部顶起车辆。但是，顶起顺序会因车型而异。千斤顶适配器用于带有偏置差动齿轮的四轮驱动车辆。切勿将千斤顶放在转矩车桥上顶升。

注意：

（1）必须一直在平整的地面上修车，车辆中的所有行李必须取出；

（2）在顶升时必须使用支承架，装好马凳后才可进入车下；

（3）切勿一次使用多个修车千斤顶；

（4）切勿顶起超过千斤顶最大允许荷载的任何车辆；

（5）带有空气悬架的车辆因其结构关系需要特别处理，请参考具体的维修手册说明。

3）降下

在升降车辆前必须进行安全检查，并告知其他人即将开始作业。在降下车辆前需检查车下，确保没有东西。慢慢地释放把手并轻轻地放下手柄，当轮胎已完全落地时，使用车轮挡块挡住车轮。

4）千斤顶的使用要求

（1）汽车在顶起或下降过程时，禁止在汽车下面进行作业。

（2）应缓慢地拧松液压开关，使汽车缓慢、平稳地下降，下降速度不能过快，否则容易发生事故。

（3）在松软路面上使用千斤顶顶起汽车时，应在千斤顶底座下加垫一块有较大面积且能承受压力的材料（如木板等），防止千斤顶由于汽车重压而下沉。千斤顶与汽车接触位置应正确、牢固。

（4）千斤顶把汽车顶起后，当液压开关处于拧紧状态时，若发生自动下降故障，则应立即查找原因，及时排除故障后方可继续使用。

（5）当发现千斤顶缺油时，应及时补充规定油液，不能用其他油液或水代替。

（6）千斤顶不能用火烘热，以防皮碗、皮圈损坏。

（7）千斤顶必须垂直放置，以免因油液渗漏而失效。

三、汽车举升机

汽车举升机可以将车辆抬高以便技术员能在车下以舒适的姿势工作，是用于汽车维修行业的专用机械，其产品性质、质量好坏直接影响到维修人员的人身安全。汽车举升机在汽车维修作业中发挥着至关重要的作用，无论整车大修，还是小修保养，都离不开它。在规模各异的维修养护企业中，无论是维修多种车型的综合类修理厂，还是经营范围单一的街边店（如轮胎店等），几乎都会配备汽车举升机。

汽车举升机按其功能和形状划分，一般可分为两柱举升机（见图 2-50）、四柱举升机

（见图 2-51）和剪式举升机（见图 2-52）三大类。剪式举升机和两柱举升机、四柱举升机相比，最大的好处是不占用空间，方便使用，不足之处则是补油平衡要求很严格，而且需配备控制箱，造价较贵。

图 2-50　两柱举升机　　　　　　　　图 2-51　四柱举升机

图 2-52　剪式举升机

1）举升车辆前准备

使用时将车辆置于举升机中心，将板和臂固定到维修手册所标示的位置上。调整支架直到车辆保持水平为止，始终要锁住臂，将板提升附件位置对准车辆被支承部位，切勿让板提升附件伸出板外。

2）车辆上、下升降

在抬升和降下举升机前应先进行安全检查，并向其他人发出举升机即将起动的信号。一旦轮胎稍离地，应立即检查车辆支承是否合适。

3）举升机的使用要求

（1）将所有的行李从车上搬出并提升空车。

（2）检查除支承部件外，是否有其他部件在现场。

（3）切勿提升超过举升机提升极限的车辆。

（4）带有空气悬架的车辆因其结构关系需要特别处理，请参考具体的维修手册说明。

（5）在提升车辆时，切勿移动车辆。

（6）在拆除和更换大部件时应小心，因为汽车重心可能改变。

（7）切勿将车门打开再提升车辆。

（8）如果在一段时间内未完成作业，则应把车放低一些。

四、气缸压力表

1. 作用

气缸压力表是专门用于检查气缸内气体压缩压力大小的仪器，如图 2-53 所示。

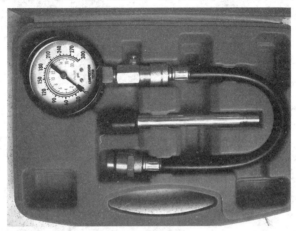

图 2-53　气缸压力表

2. 使用方法

（1）起动发动机并运转到正常工作温度，熄火并等发动机停止运转后，卸下全部火花塞。

（2）使节气门全开，将压力表的连接头压紧在火花塞孔上。

（3）用起动机带动发动机以 100~150 r/min 的转速转动 3~5 s。此时，仪表上的指针会逐渐上升，到某一数值即会停止，这时的指示值就是气缸的压缩压力。

（4）按一下按钮，使指针归零。

（5）按以上步骤，重复测量 2~3 次，以提高测量精度。

（6）一般轿车的气缸压力大于 0.9 MPa，且 $\Delta<8\%$（Δ 用于表达变化的幅度，是指汽油机的各缸压力差不超过各缸平均压力的 8%）。

若测定值小于规定值，但进气系统正常，则说明气缸与活塞、缸盖存在泄漏，原因可能是气缸、活塞、气门、活塞环出现磨损、烧蚀等不良情况。若测定值大于规定值，但进、排气系统正常，原因可能是燃烧室严重积炭。

五、燃油压力表

1. 用途

燃油压力表用于检测燃油系的压力，如图 2-54 所示。

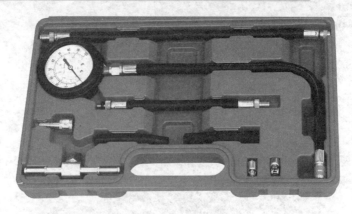

图 2-54　燃油压力表

2. 使用方法

将燃油压力表（以下简称油压表）用三通接头接在燃油压力调节器和喷油器之间的管路上进行测量。由测得值可判断出电动汽油泵、油压调节器等燃油系元件的工作情况。

（1）安装油压表。安装油压表时，先将燃油系卸压，起动发动机，拔下电动汽油泵继电器或电源插头。待发动机熄火后，再起动发动机 2~3 次，即可释放燃油压力。关闭点火开关，装上电动汽油泵继电器或电源插头，拆下蓄电池负极搭铁线。将量程为 1 MPa 左右的油压表和三通接头一起安装在燃油泵的出油管接头上。

（2）燃油系初始油压的测量。用一根导线将电动汽油泵的两个检测插孔短接，接通点火开关，若电动汽油泵进行 5 s 自动泵油，说明电子控制单元（Electronic Control Unit，ECU）做了初始化运作，电源到 ECU 的电路及 ECU 控制油泵的电路正常，油泵工作良好，否则应检查 ECU 到油泵的电路、主继电器及油泵继电器等工作是否正常。

电动汽油泵进行 5 s 自动泵油后，观察油压表上的燃油压力，初始油压正常值为 300 kPa，若油压表指针在 300 kPa 摆动，说明油压调节器工作正常。测量初始油压结束 5 min 后，观察油压表指示的燃油系保持压力，应不低于 147 kPa。若油压过高，应检查油压调节路工作是否正常；若油压过低，应检查电动汽油泵保持压力、油压调节器保持压力及喷油器有无泄漏。

（3）发动机工作时燃油压力的测量。起动发动机，怠速运转，观察油压表指示的燃油系压力，应不低于 250 kPa；否则需检查真空表是否泄漏或插错。踩下加速踏板，在节气门全开时观察油压表指示的加速油压，应不低于 300 kPa；否则需检查真空管是否泄漏或插错。

（4）拔下油压调节器真空管后的燃油压力测量。拔下油压调节器上的真空软管，用手堵住、让发动机怠速运转，观察油压表指示的油压，应与节气门全开时的燃油压力基本相同。

（5）燃油系最大压力的测量。拔下油压调节器上的真空软管，用手堵住，让发动机运转，观察油压表指示的最大燃油压力。此时油压上升为工作油压的 2~3 倍，即 490~640 kPa；否则应检查油泵是否堵塞或磨损，油路是否泄漏。

（6）燃油系统残余油压的测量。熄灭发动机，此时观察油压表，燃油系的残余油压应不低于 147 kPa 且稳定 30 min 不下降；否则判定系统漏油，应做进一步检查。

六、真空压力表

1. 用途

真空压力表测定运转中发动机进气歧管中的真空度，由指针的摆动状态能够判断发动机的运转状态是否正常，如图 2-55 所示。

2. 使用方法

（1）起动发动机并运转到正常工作温度，使发动机保持稳定运转；

（2）使用合适的接头将真空压力表装在指定的位置即可测定；

（3）使用真空压力表测定时，为了避免指针急速承受压力而影响测定精度，最好按照规定方法装设，开始时系紧橡胶导管，然后逐渐松开使指针缓慢地摆动。

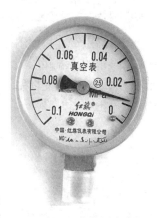

图 2-55　真空压力表

急速时，表针应稳定在 64~71 kPa，波动范围：六缸机不超过 ±1.6 kPa；四缸机不超过 ±2.5 kPa。迅速开、闭节气门，表针应在 6.7~84.6 kPa 灵敏摆动；否则表明发动机密封性能、发动机点火正时或配气正时和电火花或发动机排气系统可能存在异常。

七、轮胎气压表

轮胎气压表是测量轮胎气压的专用量具，如图 2-56 所示。测量胎压应该在轮胎冷却时进行，这样才能确保测量的精度。一般指针式轮胎气压表只要对着轮胎阀门安上表头气嘴，就可以显示出轮胎气压，安装时要注意快速紧压以确保密封，少漏气。然后可以根据测量值调节轮胎气压，使其符合生产商的规定。汽车轮胎的最佳工作压力需以汽车厂家给出的数据为准，一般在车门框后下侧。测量完毕后，应仔细检查轮胎气门芯是否漏气，若存在漏气，应将其排除。

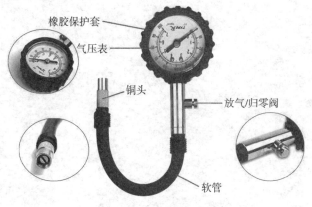

图 2-56　轮胎气压表

八、高温高压清洗机

近年来，随着我国汽车保有量的不断提高，汽车美容业飞速发展。作为汽车美容主要项目的汽车清洗，对清洗设备提出了越来越高的要求。车辆外部清洗可用高压冷水清洗机，而油污较多的发动机等部位用高温高压清洗机清洗效果较好。高温高压清洗机以进口设备为主，其出水压力高，温度高，清洗效果好；但结构复杂，做工精密。为减少设备故障率，延长使用寿命，必须正确使用以及保养维护。

高温高压清洗机如图 2-57 所示，其出水最高压力可达 20 MPa，最高温度可达 140℃。为实现出水的高温高压，清洗机先将自来水（进水压力不低于 0.2 MPa）利用四级电动机或两级电动机带动的柱塞泵经三级加压至高压后，再经过燃油（柴油）加热器加热，最后由高压喷枪喷出。

图 2-57　高温高压清洗机

项目三
发动机大修

任务一 拆卸和分解发动机

一、发动机大修概述

汽车行驶一定的年限或公里数后，会出现发动机内部零件严重磨损、老化，动力性能明显下降、油耗增加、异响等故障，甚至无法正常工作，这时需要对发动机进行深入修理，即发动机大修。发动机大修是指发动机主要零件出现破损、断裂、磨损和变形，在彻底分解后，用修理、更换零件的方法，使发动机达到完好技术状况和使用寿命的恢复性修理。发动机大修通常包括从车上拆卸发动机、分解发动机、清洗和检查零部件、重新组装发动机、将发动机安装到车上和起动前的检查等流程。

二、从车上拆卸发动机

从车上拆卸发动机有两种方法，对于前置前驱的发动机，通常将发动机、变速驱动桥和悬架梁等作为一个整体从车下拆卸，如图3-1所示。对于前置后驱的发动机，通常将发动机和变速器作为一个整体从车上吊出，如图3-2所示。在拆卸发动机时，应注意发动机会发生倾斜和转动，防止出现碰撞。

这里以从车辆下部拆卸发动机为例，来说明从车上拆下发动机的步骤。

1）释放燃油管内的压力

断开燃油泵连接器，起动发动机直到自动停止，再次起动发动机并且确保其不能起动，关闭点火开关。由于该操作要求发动机重新起动，应在拆卸蓄电池前完成该操作。

2）拆卸蓄电池

在拆开蓄电池电缆前，记录收音机频道、电控系统的故障代码、座椅位置和方向盘位置等信息。应先断开蓄电池负极电缆，如图3-3所示，拆卸中注意保持蓄电池水平，如果电解液溢出，应立即用水冲洗。

图 3-1　拆卸前置前驱的发动机

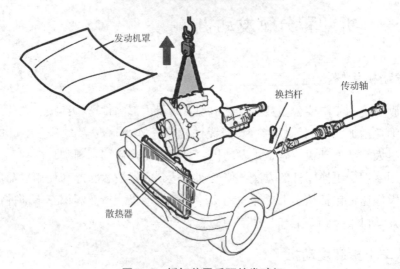

图 3-2　拆卸前置后驱的发动机

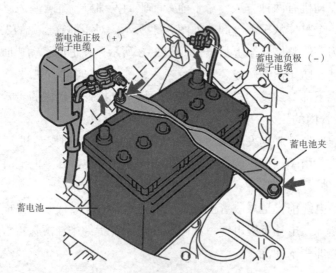

图 3-3　拆卸蓄电池电缆、蓄电池

3）排放冷却液

在发动机冷却后，将发动机中的冷却液排出。如果冷却液溅到车身上，应立即用水冲洗。

4）拆开连接器与线束

发动机有很多连接器，例如，传感器连接器、开关连接器和执行器连接器，这些连接器都与发动机线束相连。从发动机 ECU 和发动机室接线盒上的接头处拆开发动机线束，如图 3-4 所示。

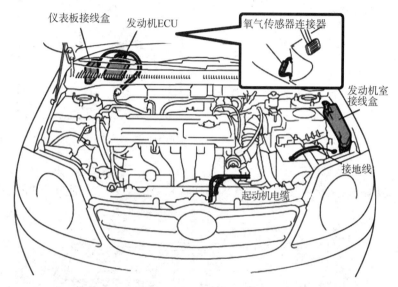

图 3-4　拆开连接器与线束

5）拆卸转向传动轴

首先固定方向盘，以防止空气囊的螺旋电缆断裂，例如，可以采用将座椅安全带穿过方向盘固定的方法，如图 3-5 所示。拆开前，在转向齿轮和转向中间轴上做好装配标记，拆卸转向中间轴如图 3-6 所示。

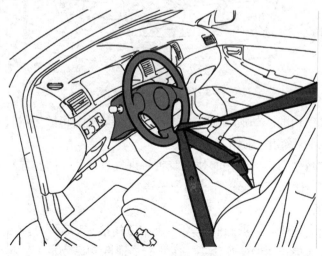

图 3-5　将座椅安全带穿过方向盘固定

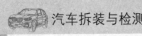
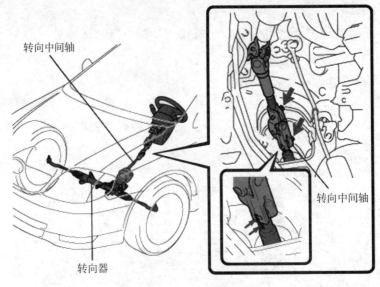

转向中间轴

转向中间轴

转向器

图3-6　拆卸转向中间轴

6）拆开连接的软管

拆开与发动机相连的进气软管、散热器软管和制动助力器软管等，如图3-7所示。

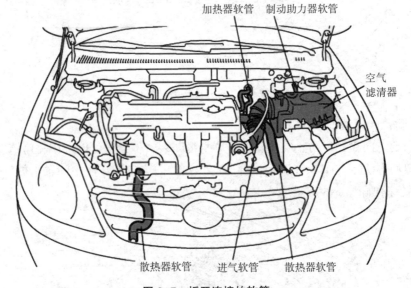

加热器软管　制动助力器软管

空气
滤清器

散热器软管　进气软管　散热器软管

图3-7　拆开连接的软管

（1）由于发动机内的冷却液不能完全排空，从发动机上将散热器软管和加热器软管拆开，然后用布堵住每一个孔，防止冷却液泄漏。

（2）拆卸空气滤清器后，使用布块或胶带将进气口盖住，防止异物进入节气门体。如果异物进入了节气门体，可能会损坏阀门或燃烧室。

7）拆开燃油管

拆开连接的燃油管接头，拆卸时使用一块布盖住接头后再将其拆卸，防止燃油溢出。拆开后使用一个塑料袋封住燃油管接头，防止燃油泄漏和异物进入。拆开燃油管如图3-8所示。

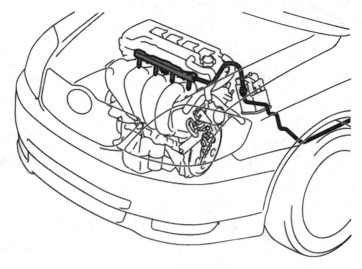

图 3-8　拆开燃油管

8）拆卸发动机室组件

从发动机上拆下传动皮带、空调压缩机和加速踏板拉索，松开发动机支承固定螺栓，拆卸发动机室组件如图 3-9 所示。

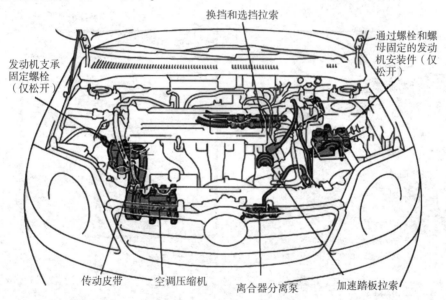

图 3-9　拆卸发动机室组件

9）从车下拆卸总成

从车下拆下排气管、横拉杆接头和稳定杆等，如图 3-10 所示。拆卸排气管螺栓和螺母前，使用锈渗透剂将其浸泡。重新安装排气管时，必须使用新的垫片和螺栓。排气管垫片和螺栓如图 3-11 所示。

注意：拆卸排气管时要求两个人，分别在前、后同步拆下排气管。

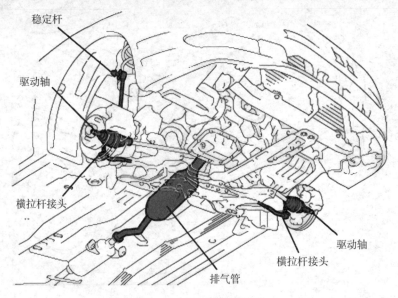

图 3-10 从车下拆卸总成

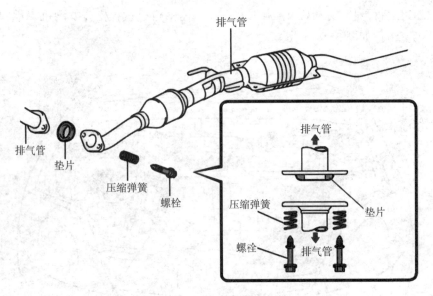

图 3-11 排气管垫片和螺栓

10）举起、放置发动机托架

举升车辆，将发动机托架升起到刚碰到油底壳为止，注意不要使油底壳变形，如图 3-12 所示。使用发动机托架附件，支撑发动机油底壳、变速驱动桥和悬架梁等，拆卸发动机安装螺栓。放置发动机托架如图 3-13 所示。

11）降下发动机

在发动机托架托起悬架梁的情况下，拆卸悬架梁安装螺栓。检查所有的电线和管道是否都被拆开，缓慢下降，避免碰到车身，如图 3-14 所示。

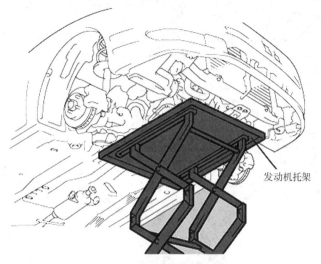

图 3-12 举起发动机托架

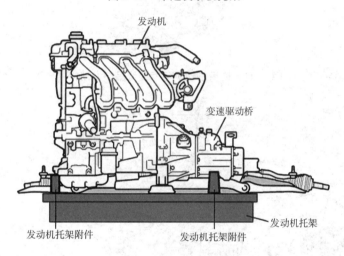

图 3-13 放置发动机托架

图 3-14 降下发动机

12）拆开变速驱动桥

安装发动机吊耳和发动机吊索装置，使用发动机吊索装置吊起发动机，吊起时注意不要让发动机倾斜，如图3-15所示。缓慢放下发动机，将发动机总成从吊钩上平稳地放置在工作台上，如图3-16所示。

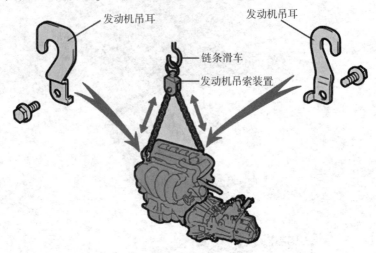

图3-15　使用发动机吊索装置吊起发动机

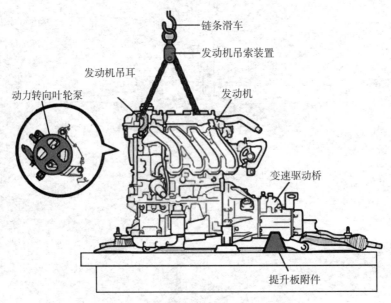

图3-16　将发动机总成放置在工作台上

拆卸发动机和变速驱动桥连接螺栓，用一把平头螺丝刀（用胶带缠上刀口）插入发动机和变速驱动桥之间的空隙，轻轻撬动并松开输入轴，轻轻地摇晃变速驱动桥，从发动机上拆下变速驱动桥，如图3-17所示。

13）拆卸离合器和飞轮

在离合器壳和飞轮上做好装合标记，使用专用工具固定曲轴，拆卸离合器壳、离合器盘和飞轮，如图3-18所示。

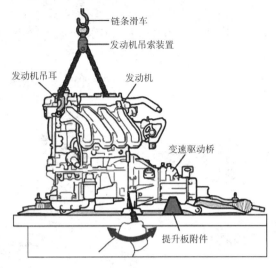

图 3-17　拆下变速驱动桥

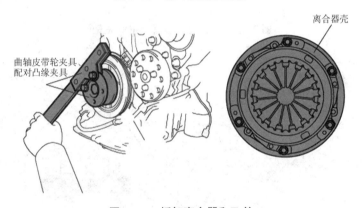

图 3-18　拆卸离合器和飞轮

14）安装发动机翻转架

　　将发动机安装到发动机翻转架上，注意保持平衡，尽量降低重心，如图 3-19 所示。把发动机从吊钩上取下。

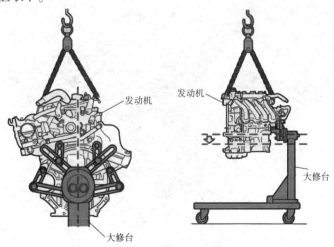

图 3-19　安装发动机翻转架

15）拆卸进气歧管与排气歧管、发电机

松开固定进气歧管和排气歧管的螺栓和螺母，顺序为由外到内。从发动机上拆卸进气歧管与排气歧管，拆卸发电机，如图 3-20、图 3-21 所示。

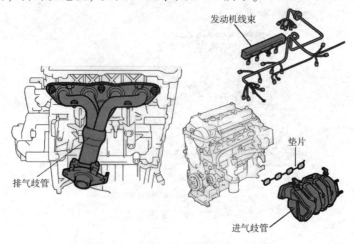

图 3-20　拆卸进气歧管与排气歧管

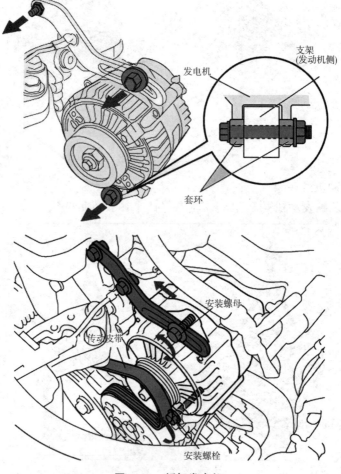

图 3-21　拆卸发电机

三、分解发动机

1）拆卸发动机附件

拆卸发动机附件即拆卸水泵皮带轮、发动机安装支架、曲轴皮带轮、水泵、正时链条盖和正时链条等。拆卸正时链条盖如图 3-22 所示。在直列四缸发动机中，气缸是从前端开始向后端依次编号的。因此，当我们面对发动机前端时，紧邻曲轴皮带轮的气缸被标记为 1 缸，接下来的气缸依次为 2 缸、3 缸和 4 缸。最后，最接近飞轮的气缸即为 4 缸。本图中，正时链条盖一侧的气缸为 1 缸。在拆卸曲轴皮带轮时，将曲轴设置在 1 缸压缩上止点位置。

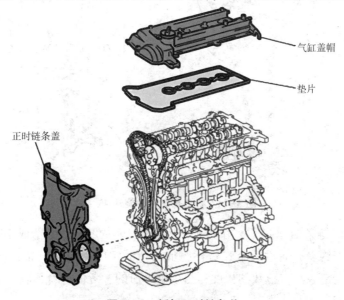

气缸盖帽

垫片

正时链条盖

图 3-22　拆卸正时链条盖

（1）拆卸正时链条的方法如下。

①释放链条张紧器张紧力。链条张紧器的柱塞设计成通过棘轮机构仅允许柱塞弹出，而不允许将其缩回。因此移动止动板，释放棘轮机构，按入柱塞，然后松开正时链条，如图 3-23 所示。

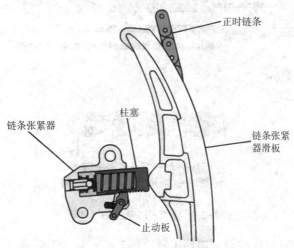

正时链条

链条张紧器

柱塞

链条张紧器滑板

止动板

图 3-23　释放链条张紧器张紧力

②拆卸正时链条张紧器导板和正时链条。

③将曲轴从1缸压缩上止点位置逆时针旋转45°，使活塞向下移动，如图3-24所示。避免在拆下正时链条的情况下转动凸轮轴可能造成气门和活塞相互干扰。

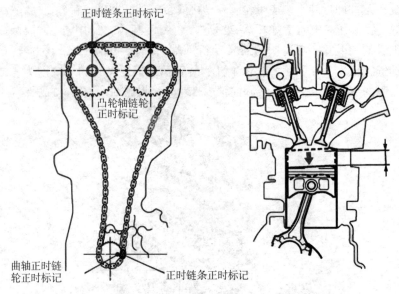

图3-24　将曲轴逆时针旋转45°

（2）检查正时链条的延伸度。由于链条上销和衬套的磨损，会造成正时链条延长。将链条挂在墙上的卡钩上，通过一个弹簧秤施加一个固定的力拉动链条，如图3-25所示。使用游标卡尺测量链条一定节数的长度，与维修手册的参考值进行比较。如果测量值超过规定值，应更换链条。

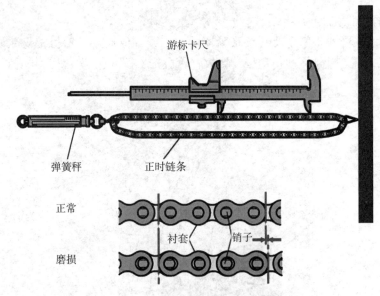

图3-25　检查正时链条的延伸度

（3）检查链条张紧器。如果施加到正时链条上的张紧力不正确，会造成正时链条变松和打滑，甚至损坏气门机构。

升起棘轮爪时，检查柱塞能否通过手指移动，确保柱塞能够无阻力平滑地移动。当将棘轮爪回位后，检查柱塞是否被锁定。检查链条张紧器如图 3-26 所示。

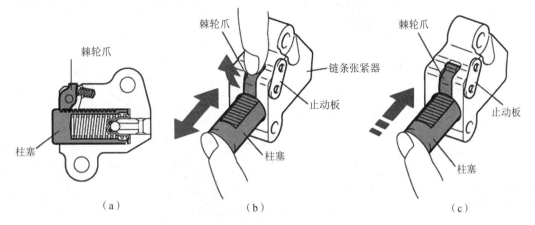

图 3-26　检查链条张紧器

（a）链条张紧器剖面；（b）检查柱塞移动；（c）检查柱塞是否被锁定

（4）检查正时链轮。如果正时链轮磨损严重，造成正时链条紧靠在正时链轮上。可以将正时链条安装到正时链轮上，然后测量正时链条的外径并判断正时链轮是否正常，必要时更换。检查正时链轮如图 3-27 所示。

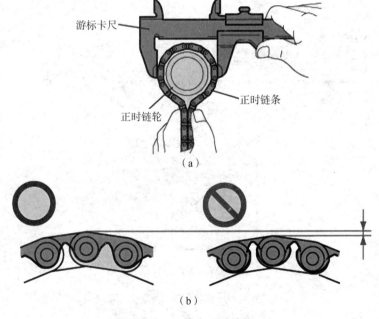

图 3-27　检查正时链轮

（a）检查正时链轮；（b）正常的正时链轮和磨损严重的正时链轮

（5）检查链条张紧器导板和减振器与正时链条接触的区域是否磨损，如图 3-28 所示，严重磨损会造成正时链条振动。

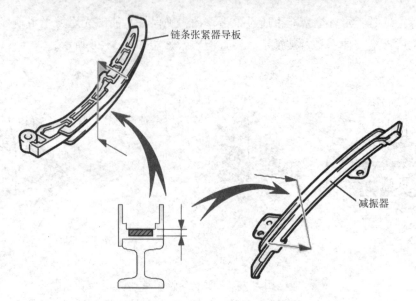

图 3-28　检查链条张紧器导板和减振器磨损情况

2) 拆卸凸轮轴

(1) 转动凸轮轴到图 3-29 中正时标记的位置，使气门弹簧力均匀施加到凸轮轴上，并且可以水平地拆卸凸轮轴。

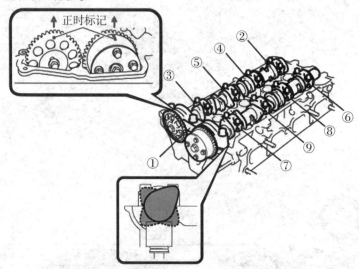

图 3-29　拆卸凸轮轴

(2) 按照图 3-29 所示顺序均匀地松开和拆卸轴承盖固定螺栓，拆卸轴承盖和凸轮轴。

3) 拆卸气缸盖

从外侧向内侧松开并拆卸气缸盖固定螺栓，使用一把塑料锤子轻敲肋部，拆下气缸盖。拆卸气缸盖螺栓的顺序如图 3-30 所示。

当气缸盖被拆卸后，水和油将从水套和油孔中流出，因此需要一个拆卸盘或一块棉布在发动机下面的地板上，以便保持工作区域清洁。

气缸盖常使用塑性域螺栓安装。因为塑性域螺栓每使用一次便会变长，需测量各螺栓的长度和外径以便判断其能否被再次使用。检查气缸盖螺栓如图 3-31 所示。

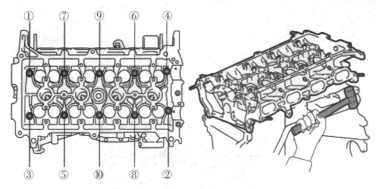

图 3-30 拆卸气缸盖螺栓的顺序

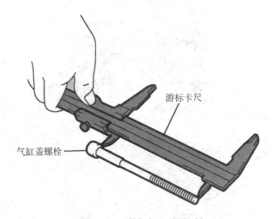

游标卡尺

气缸盖螺栓

图 3-31 检查气缸盖螺栓

以丰田 1SZ-FE 发动机缸盖螺栓的长度标准为例，在排气歧管侧螺栓的标准长度为 108 mm，在进气歧管侧螺栓的标准长度为 90 mm。

4）拆卸气缸垫

从缸体上将气缸垫拆下来，如图 3-32 所示。

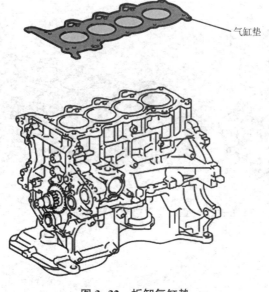

气缸垫

图 3-32 拆卸气缸垫

5）拆卸油底壳

如图 3-33 所示，2 号油底壳使用密封胶密封，使用专用工具拆卸。然后倒置发动机，使用平头螺丝刀，在气缸体和 1 号油底壳之间撬动，拆下 1 号油底壳。

拆卸 2 号油底壳前，不要倒置发动机，否则，留在油底壳上的淤泥和金属微粒可能会进入活塞和气缸，从而损坏气缸的内壁。

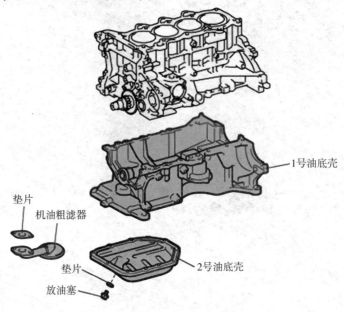

图 3-33　拆卸油底壳

6）拆卸油封

正时链条盖油封和发动机后油封如图 3-34 所示。使用一把螺丝刀撬出正时链条盖油封（注意：放一块布在正时链条盖上防止损坏），从曲轴上拆卸发动机后油封，如图 3-35 所示。

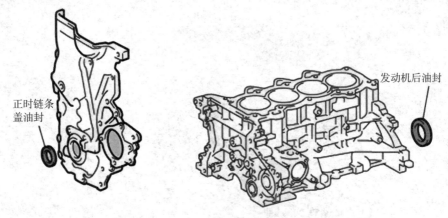

图 3-34　正时链条盖油封和发动机后油封

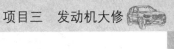

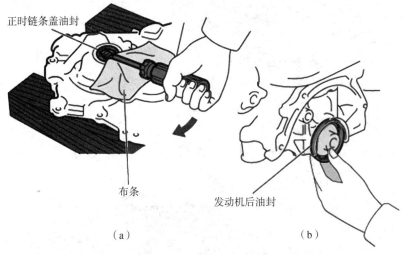

正时链条盖油封

布条

发动机后油封

（a）　　　　　　　　　　　　　（b）

图 3-35　拆卸正时链条盖油封和发动机后油封

（a）拆卸正时链条盖油封；（b）拆卸发动机后油封

任务二　检修气缸盖和气缸体总成

检修气缸盖和气缸体总成，包括对气缸盖和气缸体总成的分解、检查（使用测量仪表测量部件的翘曲和磨损）和重新组装（同时检查组装后的状况）。本任务以丰田 1SZ-FE 发动机为例，说明气缸盖和气缸体的维修方法。

一、分解和清洗气缸盖

气缸盖的结构如图 3-36 所示。

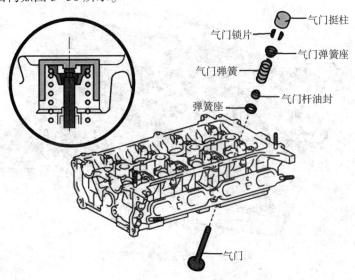

气门挺柱

气门锁片

气门弹簧座

气门弹簧

气门杆油封

弹簧座

气门

图 3-36　气缸盖的结构

1. 拆卸气门组件

1）用手拆卸气门挺柱

将气门挺柱取下并按安装位置放于纸上。

注意：不要用钳子，因为使用它们可能会损坏气门挺柱。

2）拆卸气门

使用气门弹簧压缩器（专用工具）压缩弹簧，并拆卸两块气门锁片，如图3-37所示。松开专用工具，拆卸弹簧座和弹簧，拉出气门。将拆卸下来的部件放置在纸上，旋转拆卸下来的部件如图3-38所示。

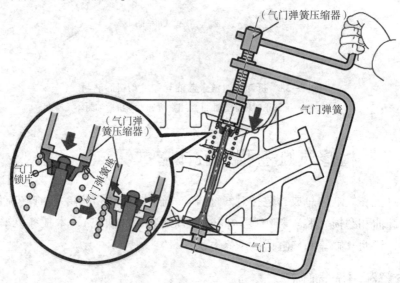

图3-37　拆卸气门

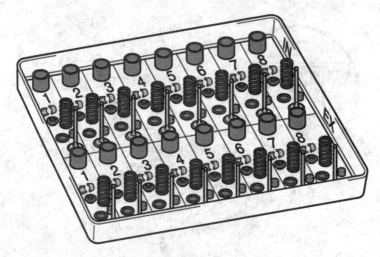

图3-38　旋转拆卸下来的部件

3）拆卸气门杆油封

使用尖嘴钳钳住油封底部的金属部分，然后拆卸油封。

4）拆卸气门弹簧座

使用一把螺丝刀，撬起气门弹簧座，使用一个磁性手柄，吸起气门弹簧座，如图3-39所示。

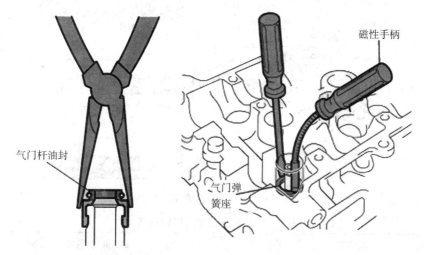

图3-39 拆卸气门弹簧座

2. 清洁气缸盖

使用刮刀刮掉所有的衬垫，并使用一块涂油的油石磨去顽固的衬垫，如图3-40所示。不能损坏气缸盖表面。

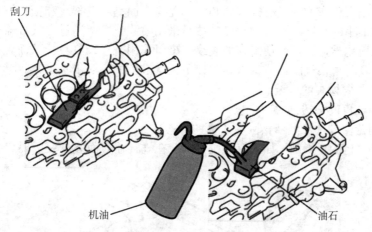

图3-40 清洁气缸盖

二、检查气缸盖和气门组件

下面以丰田1SZ-FE发动机为例，说明检查气缸盖和气门组件的步骤。

1. 检查气缸盖的平整度

用精密直尺和塞尺测量气缸盖平面度及气缸盖与歧管接触表面有无翘曲，如图3-41所示，气缸盖的平整度检查部位见表3-1。

注意：发动机过热可能会使气缸盖翘曲。

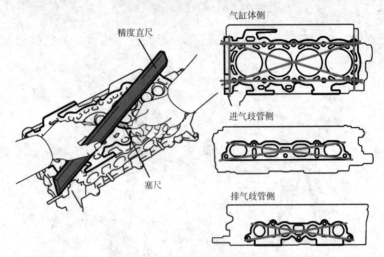

图 3-41 检查气缸盖的平整度

表 3-1 气缸盖的平整度检查部位

检查部位	最大翘曲/mm
气缸盖下平面	0.05
气缸盖歧管侧	0.10

注：如果翘曲超过最大值，则应更换气缸盖。

2. 检查气缸盖是否有裂纹

通过目测或染色渗透剂检查气缸体和气缸盖等上面是否有裂纹和损伤，染色渗透剂检查能够检测到细小的裂纹。常用的检测方法是采用喷漆技术，通过在气缸盖表面喷涂特殊涂料，随后应用化学显影剂，使潜在的裂纹在染料作用下显现红色，从而轻松识别。如果有裂纹，则应及时更换气缸体或气缸盖。以下为气缸盖的检测步骤。

（1）清洁需要检查的区域。

（2）喷洒红色的渗透剂，并干燥。

（3）使用蓝色的洗涤液清洁附在表面的渗透剂。

（4）喷洒白色的显影剂，如果有裂纹，则会在气缸盖表面裂纹处呈现红色，如图 3-42 所示。

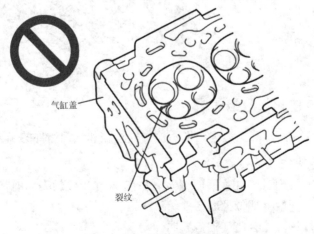

图 3-42 检查气缸盖裂纹

3. 检查气门导管衬套油膜间隙、气门挺柱油膜间隙

1）检查气门导管衬套油膜间隙

使用卡规测量气门导管衬套内径，并且使用千分尺测量气门杆外径，然后计算油膜间隙，如图3-43所示。气门导管衬套油膜间隙尺寸要求见表3-2。其中，气门导管衬套油膜间隙测量值=导管衬套内径测量值−气门杆直径测量值。

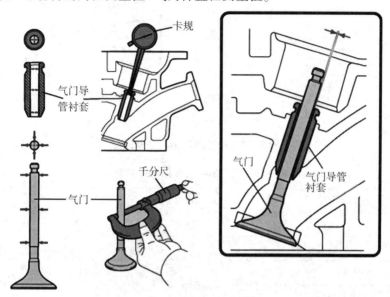

图3-43　检查气门导管衬套油膜间隙

表3-2　气门导管衬套油膜间隙尺寸要求

检测项目		尺寸要求/mm
导管衬套内径		6.000~6.018
气门杆直径	进气	5.960~5.975
	排气	5.960~5.975
标准油膜间隙	进气	0.025~0.060
	排气	0.025~0.060
最大油膜间隙	进气	0.08
	排气	0.10

注：若油膜间隙大于最大值，则应更换气门导管衬套。

2）检查气门挺柱油膜间隙

使用卡规测量气门挺柱孔内径，并且使用千分尺测量气门挺柱外径，然后计算油膜间隙，如图3-44所示。气门挺柱油膜间隙尺寸要求见表3-3。其中，气门挺柱油膜间隙测量值=挺柱孔径测量值−挺柱直径测量值。

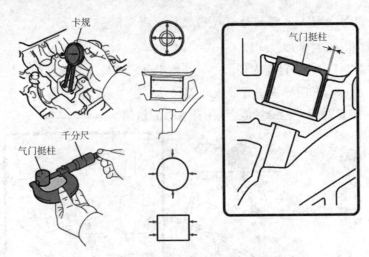

图 3-44　检查气门挺柱油膜间隙

表 3-3　气门挺柱油膜间隙尺寸要求

检测项目	尺寸要求/mm
挺柱孔径	31.000~31.025
挺柱直径	30.960~30.980
标准油膜间隙	0.020~0.065
最大油膜间隙	0.07

注：若油膜间隙大于最大值，则应更换挺柱。必要时可更换气缸盖。

4. 检查凸轮轴轴向间隙、凸轮轴轴承油膜间隙

1）检查凸轮轴轴向间隙

安装磁性表座和百分表，使凸轮轴前、后移动，测量轴向间隙，如图 3-45 所示。凸轮轴轴向间隙尺寸要求见表 3-4。

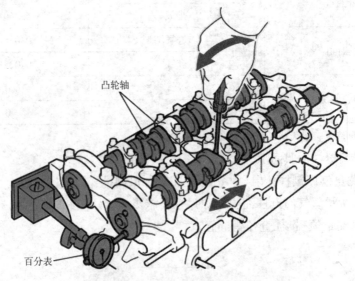

图 3-45　检查凸轮轴轴向间隙

表 3-4 凸轮轴轴向间隙尺寸要求

检测项目		尺寸要求/mm
标准轴向间隙	进气	0.030~0.085
	排气	0.035~0.090
最大轴向间隙		0.11

注：若轴向间隙大于最大值，则应更换凸轮轴。必要时可更换轴承盖与气缸盖。

2）检查凸轮轴轴承油膜间隙

清除检查区域和轴承端盖上的所有油和灰尘，将合适长度的塑料间隙规平行放在轴颈上，装上轴承端盖，按照规定扭矩上紧（力矩：13 N·m）。拆下轴承端盖，用量尺对照塑料间隙规的宽度（最宽位置），读出油膜间隙。检查方法如图 3-46 所示。凸轮轴轴承油膜间隙尺寸要求见表 3-5。

注意：当上紧轴承端盖时，不能旋转轴。

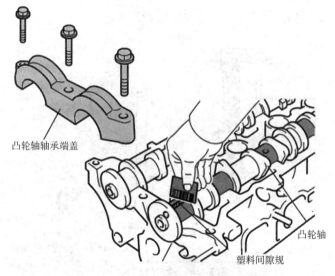

凸轮轴轴承端盖

凸轮轴

塑料间隙规

图 3-46 检查凸轮轴轴承油膜间隙

表 3-5 凸轮轴轴承油膜间隙尺寸要求

检测项目	尺寸要求/mm
标准油膜间隙	0.035~0.072
最大油膜间隙	0.10

注：若油膜间隙大于最大值，则应更换凸轮轴。必要时可更换整套轴承盖与气缸盖。

5. 检查气门

1）目测检查

目测检查气门是否有积炭。

（1）如果积炭黏附在气门的下表面，如图 3-47（a）所示，则通过活塞环漏油，需要检查活塞间隙和活塞环。

（2）如果积炭黏附在气门的上表面，如图 3-47（b）所示，则通过气门导管衬套漏油，需要检查气门导管衬套的油膜间隙。

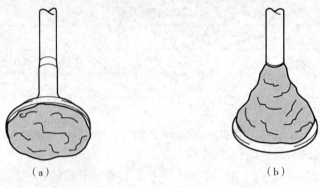

图3-47 检查气门积炭

(a) 通过气门导管衬套漏油；(b) 通过活塞环漏油

2) 测量气门尺寸

使用游标卡尺和千分尺，检查下述位置：气门长度、气门杆直径和气门头边缘厚度。测量气门尺寸如图3-48所示。气门尺寸要求见表3-6。

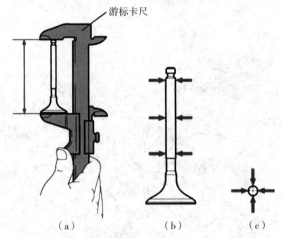

图3-48 测量气门尺寸

(a) 测量气门长度；(b) 测量气门杆直径；(c) 测量气门头边缘厚度

表3-6 气门尺寸要求

检测项目		尺寸要求/mm
标准全长	进气	87.50
	排气	87.80
最小全长	进气	86.35
	排气	87.65
气门杆直径	进气	5.960~5.975
	排气	5.960~5.975
标准边缘厚度		0.8~1.2
最小边缘厚度		0.5

注：如果测量值低于规定值，则应更换气门。

6. 检查气门弹簧

1）检查气门弹簧自由长度和偏斜量

检查气门弹簧自由长度和偏斜量如图 3-49 所示，尺寸要求见表 3-7。

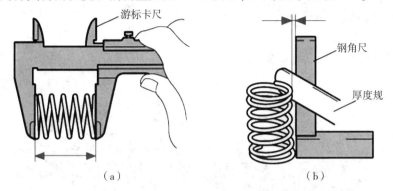

（a）   （b）

图 3-49　检查气门弹簧自由长度和偏斜量

（a）检查自由长度；（b）检查偏斜量

表 3-7　气门弹簧自由长度和偏斜量尺寸要求

检测项目	尺寸要求/mm
自由长度	39 ±0.13
最大偏斜量	2

注：若自由长度和偏斜量不符合规定，则应更换气门弹簧。

2）张紧力检查

使用一个弹簧试验仪，测量气门弹簧在规定安装长度时的张紧力，如图 3-50 所示。规定气门弹簧张紧力：长度为 31.7 mm 时，弹力为 152~168 N。如果测量值低于规定值，则应更换气门弹簧。

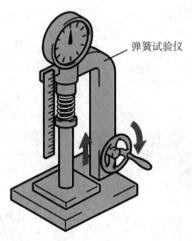

图 3-50　测量气门弹簧张紧力

7. 更换气门导管衬套

若气门杆油膜间隙大于最大值，则需要更换气门导管衬套。

1）拆卸气门导管衬套

将气缸盖加热到80℃～100℃。将专用工具放在气门导管衬套上，然后使用锤子敲出衬套。拆卸气门导管衬套如图3-51所示。

注意：过度加热将使气缸盖变形。

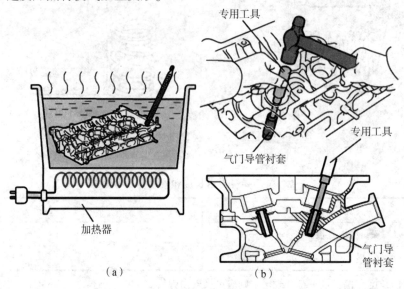

（a）　　　　　　　　　　（b）

图3-51　拆卸气门导管衬套

（a）加热气缸盖；（b）取出气门导管衬套

2）使用卡规测量气缸盖衬套孔的内径

使用卡规测量气缸盖衬套孔的内径，如图3-52所示。若气缸盖衬套孔的内径大于规定值11.027 mm，则可铰大衬套孔，更换加大尺寸的导管衬套。若气缸盖衬套孔的内径大于11.077 mm，则应更换气缸盖。

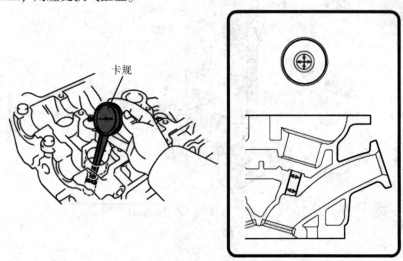

图3-52　测量气缸盖衬套孔的内径

3）敲入气门导管衬套

将气缸盖加热到 80℃~100℃，使用锤子和专用工具将气门导管衬套敲进气缸盖。气门导管衬套伸出气缸盖外的长度为 12.7~13.1 mm，如图 3-53 所示。

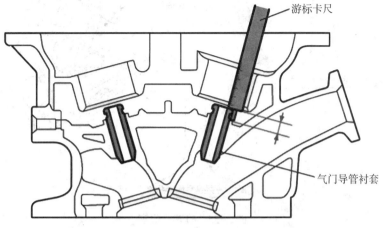

游标卡尺

气门导管衬套

图 3-53　敲入气门导管衬套

4）清理毛刺

使用 6 mm 铰刀铰削气门导管衬套，清理气门导管衬套里面的毛刺，如图 3-54 所示。

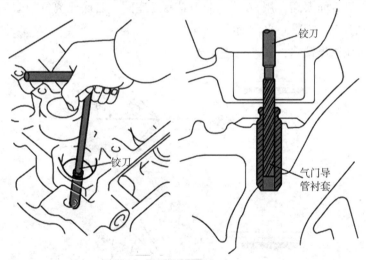

铰刀

铰刀

气门导管衬套

图 3-54　清理毛刺

8. 检查气门座

检查气门和气门座之间的接触面。在气门表面周围薄薄地涂一层普鲁士蓝（或铅白），将气门推入气门座，如图 3-55 所示。通过气门座表面的普鲁士蓝（或铅白）检查接触宽度和接触位置，检查接触面是否在气门和底座表面的中间且宽度一致，其宽度为 1.0~1.4 mm。

注意：气门被压在气门座上后，不要转动气门。

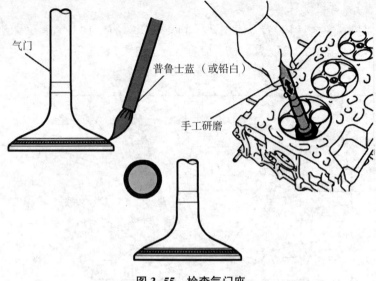

图 3-55 检查气门座

9. 修理气门座

1) 用刀具修整气门座

若底座离气门表面太高,用 30° 与 45° 刀具修正座圈;若底座离气门表面太低,用 60° 与 45° 刀具修正底座,如图 3-56 所示。

注意:渐渐地退出铰刀,使气门座光滑。

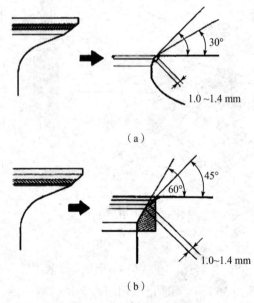

(a)

(b)

图 3-56 用刀具修整气门座

(a) 接触面太高;(b) 接触面太低

2) 气门研磨

在气门座上涂上研磨膏,将气门固定在一个手工研磨棒上,手工研磨气门,如图 3-57 所示。

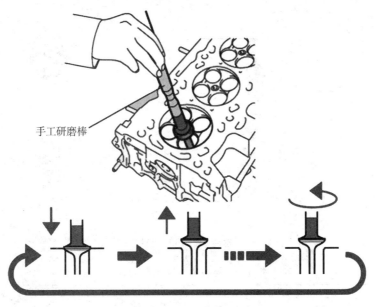

手工研磨棒

图 3-57 手工研磨气门

3）检查

复查气门是否与气门座正确接触。

10. 检查凸轮轴

1）检查凸轮轴径向跳动

将凸轮轴放在 V 形块上，转动凸轮轴，使用一个百分表测量其跳动量，如图 3-58 所示。最大圆周径向跳动应为 0.03 mm。若圆周径向跳动大于最大值，则应更换凸轮轴。

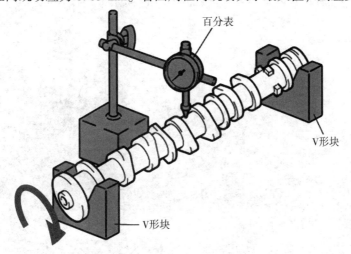

百分表

V形块

V形块

图 3-58 检查凸轮轴径向跳动

2）检查凸轮轴的凸轮桃尖高度

如果凸轮轴的凸轮磨损严重，则会产生较大的噪声，并影响气门开启和闭合的时间。使用千分尺测量凸轮桃尖的最高点，如图 3-59 所示。凸轮轴的凸轮桃尖高度尺寸要求见表 3-8。

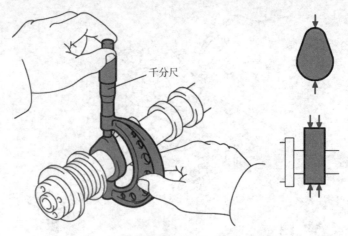

图 3-59　检查凸轮轴的凸轮桃尖高度

表 3-8　凸轮轴的凸轮桃尖高度尺寸要求

检测项目		尺寸要求/mm
标准的凸轮桃尖高度	进气	41.71~41.81
	排气	41.96~42.06
最小桃尖高度	进气	41.30
	排气	41.55

注：若凸轮桃尖高度不符合规定，则应更换凸轮轴。

3）检查轴颈直径

使用千分尺测量轴颈直径，检查方法如图 3-60 所示，尺寸要求见表 3-9。

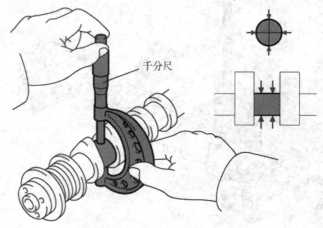

图 3-60　检查轴颈直径

表 3-9　轴颈直径尺寸要求

检测项目	尺寸要求/mm
排气轴颈直径	24.949~24.965
其他轴颈直径	24.949~24.965

注：若轴颈直径尺寸不符合规定，则应更换凸轮轴。

三、重新组装缸盖

1. 安装气门杆油封

（1）安装气门弹簧座。

（2）安装气门杆油封。用适量的发动机机油涂抹气门杆油封的唇部，将气门杆油封固定到气门杆油封更换装置上，将气门杆油封直接推入气门导管衬套，如图 3-61 所示。

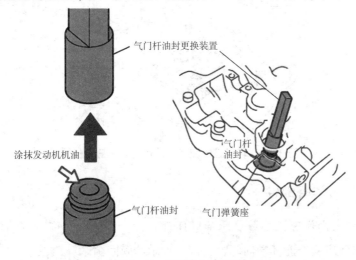

图 3-61　安装气门杆油封

注意：进气侧与排气侧的气门杆油封颜色不一样，进气侧为灰色，排气侧为黑色；气门杆油封不能重复使用，必须更换新气门杆油封。

2. 安装气门

（1）使用适量的机油涂在气门杆上，然后插入气门导管衬套。确保气门能够平顺移动。

（2）安装弹簧和弹簧座。

（3）使用气门弹簧压缩器压缩弹簧，安装气门锁片，如图 3-62 所示。

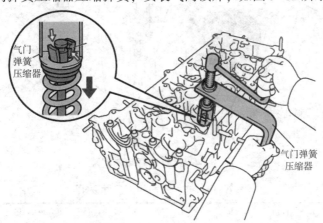

图 3-62　使用专用工具安装气门锁片

为防止气门锁片滑落，可在气门锁片上涂上薄薄的油脂。

（4）用缠上胶带的废弃气门顶住安装的气门杆顶端，用塑料锤子轻轻敲击，使气门锁片落到正确的位置，如图 3-63 所示。

注意：敲气门杆时，用布将阀杆盖住，以便在气门未正确安装时，防止气门锁片弹出。

（5）安装气门挺柱。

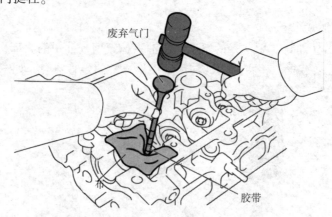

图 3-63　轻轻敲击使气门锁片落到正确的位置

四、分解气缸体各部件

1. 检查连杆轴向间隙、连杆轴承油膜间隙

拆卸气缸体前应检查连杆轴向间隙、连杆轴承油膜间隙。

1）检查连杆轴向间隙

在气缸体上安装磁性表座和百分表，使连杆前、后移动，用百分表测量其轴向间隙，如图 3-64 所示。连杆轴向间隙尺寸要求见表 3-10。

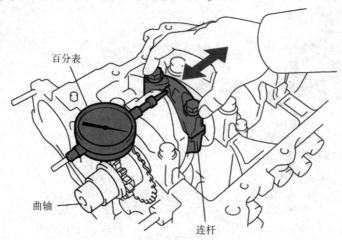

图 3-64　检查连杆轴向间隙

表 3-10　连杆轴向间隙尺寸要求

检测项目	尺寸要求/mm
标准轴向间隙	0.15~0.25
最大轴向间隙	0.30

注：如果轴向间隙大于最大值，则应更换连杆组件。必要时可更换曲轴。

2）检查连杆轴承油膜间隙

将塑料间隙规穿过曲柄销，安装连杆盖（拧紧扭矩为55 N·m）。不要转动曲轴，拆下连杆盖，在最宽处测量油膜间隙，如图3-65所示。连杆轴承油膜间隙尺寸要求见表3-11。

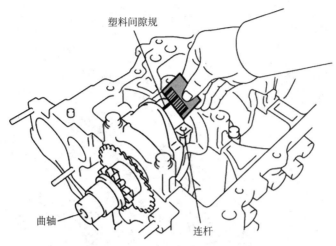

图3-65　检查连杆轴承油膜间隙

表3-11　连杆轴承油膜间隙尺寸要求

检测项目	尺寸要求/mm
标准油膜间隙	0.020~0.051
最大油膜间隙	0.08

注：如果油膜间隙大于最大值，则应更换轴瓦。必要时更换曲轴。

2. 检查曲轴轴向间隙

拆卸连杆和活塞，在缸体上安装磁性表座和百分表。使曲轴前、后移动，用百分表测量其轴向间隙，如图3-66所示。曲轴轴向间隙尺寸要求见表3-12。

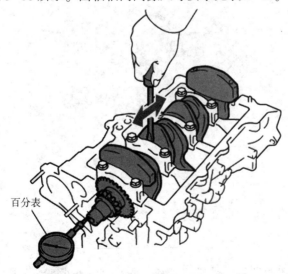

图3-66　检查曲轴轴向间隙

表 3-12　曲轴轴向间隙尺寸要求

检测项目	尺寸要求/mm
标准轴向间隙	0.10~0.25
最大轴向间隙	0.30

注：如果轴向间隙大于最大值，则应更换整套止推垫片。止推垫片厚度范围为 2.420~2.490 mm。

3. 拆卸活塞

1）清除气缸内壁积炭

使用铰刀，清除气缸壁上部的积炭，如图 3-67 所示。

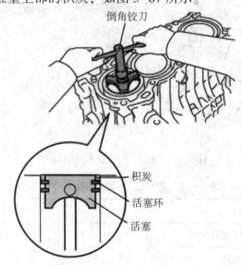

图 3-67　清除气缸内壁积炭

2）拆卸连杆轴承盖

将两只拆下的螺栓放在螺栓孔内，轻轻摇动并取下轴承盖，如图 3-68 所示。

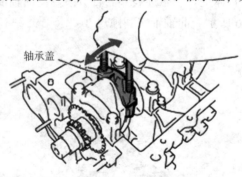

图 3-68　拆卸连杆轴承盖

3）拆卸连杆轴承

将一把平头螺丝刀小心地插入轴承盖的狭缝（剖面 A）中，然后使用螺丝刀将轴承向外撬出，如图 3-69 所示。

4）拆卸活塞

使用锤子柄轻轻敲打连杆，然后将活塞连同连杆一起拆下，如图 3-70 所示。

注意：敲击连杆时不要碰到气缸内壁，以防损坏气缸。如果连杆上有螺栓，给螺栓套上塑料管，防止损坏曲轴和气缸内壁，如图 3-71 所示。

图 3-69　拆卸连杆轴承

图 3-70　拆卸活塞

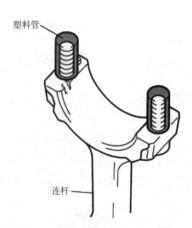

图 3-71　给螺栓套上塑料管

4. 拆卸曲轴

1）拆卸曲轴轴承盖螺栓

按照从外侧向内侧的顺序松动曲轴轴承盖螺栓，拆下曲轴轴承盖，如图 3-72 所示，图中①~⑩为曲轴轴承盖螺栓的拆卸顺序。

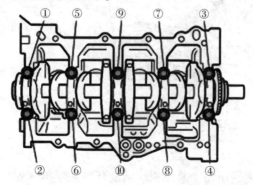

图 3-72　拆卸曲轴轴承盖螺栓

2）拆卸曲轴

从气缸曲轴孔和轴承盖上取下轴承，如图 3-73 所示。

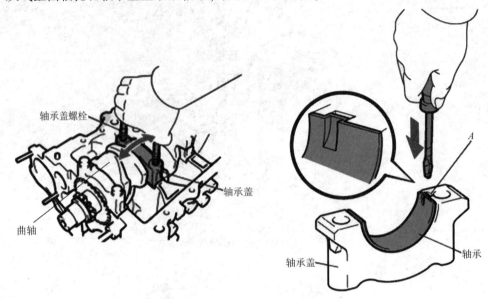

图 3-73　拆卸曲轴，取下轴承

5. 拆开活塞

1）拆卸活塞环

离活塞顶部最近的是油环，一般不需要用活塞环扩张器拆卸，再往下是 1 号活塞环，2 号活塞环是 1 号下方的活塞环，其都需要用活塞环扩张器拆卸，图 3-74 中不易标出。使用一个活塞环扩张器，依次拆卸 1 号和 2 号活塞环，如图 3-74 所示。

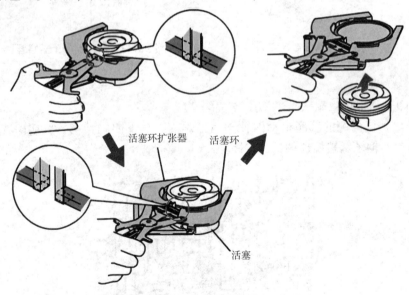

图 3-74　拆卸活塞环

注意：不要扩张过度或扭曲，避免损坏活塞环。用手拆卸油环，如图 3-75 所示。

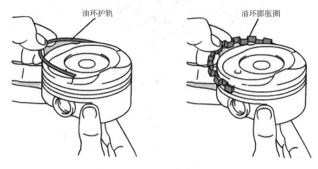

图 3-75　用手拆卸油环

2）拆卸活塞销

使用活塞销拆卸专用工具和液压压床，将活塞销从活塞中压出，如图 3-76 所示。如果专用工具和活塞倾斜，活塞可能会破裂。

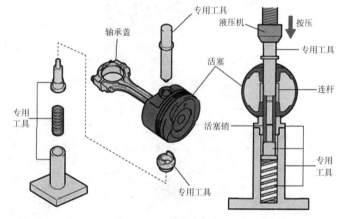

图 3-76　拆卸活塞销

五、检查气缸体各部件

1. 检查气缸体上平面的平直度

使用一个精密直尺和一个塞尺沿竖直、水平和对角线方向检查气缸体上平面的六个位置，如图 3-77 所示。将塞尺设置在最大数值，塞尺的厚度应小于精密直尺和气缸体之间的间隙。

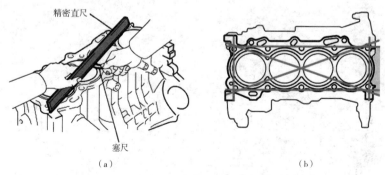

（a）　　　　　　　　　　　　　　（b）

图 3-77　检查气缸体上平面的平直度

（a）测量方法；（b）测量位置

最大翘曲变形：0.05 mm。如果有任何翘曲超过极限值，则应更换气缸体。

2. 检查活塞间隙

1）测量活塞直径

离活塞顶部 28.5 mm 处用千分尺测量与活塞销中心线垂直的活塞直径，如图 3-78 所示。标准活塞直径尺寸见表 3-13。

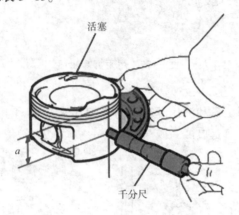

图 3-78　测量活塞直径

表 3-13　标准活塞直径尺寸

尺寸代码	直径尺寸/mm
尺寸代码 1	78.655~78.665
尺寸代码 2	78.665~78.675
尺寸代码 3	78.675~78.685

2）测量气缸内径

根据气缸直径的尺寸，选择合适的接杆，装入量缸表的下端。将千分尺调整到气缸内径的标准尺寸，然后使用千分尺调整量缸表的接杆旋入量，此时应使伸缩杆有 1~2 mm 的压缩量，再将量气缸表调零，锁紧量缸表接杆。

用量缸表在 a、b、c 三个位置，分别测量气缸孔在推力方向（径向）和轴线方向（轴向）的直径，如图 3-79 所示。测量时，必须使测杆与气缸中心线垂直。当摆动量缸表，其指针指示到最小读数时，即为气缸直径。标准气缸内径尺寸见表 3-14。

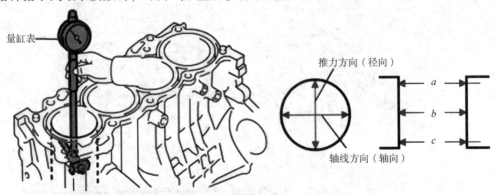

图 3-79　测量气缸内径

表 3-14　标准气缸内径尺寸

尺寸代码	内径尺寸/mm
尺寸代码 1	78.700~78.710
尺寸代码 2	78.710~78.720
尺寸代码 3	78.720~78.730

3）计算间隙

使用千分尺测量活塞外径，并且使用量缸表测量气缸内径，然后计算油膜间隙，油膜间隙＝气缸内径测量值-活塞直径测量值。气缸内径的油膜间隙尺寸要求见表 3-15。

表 3-15　气缸内径的油膜间隙尺寸要求

检测项目	尺寸要求/mm
标准油膜间隙	0.035~0.055
最大油膜间隙	0.075

注：如果油膜间隙大于最大值，则 4 个活塞应全部更换，并对 4 个气缸重新镗缸。必要时可更换气缸体。

4）气缸的圆度和圆柱度

圆度误差是指同一截面上磨损的不均匀性，将同一横截面上不同方向测得的最大直径与最小直径差值的一半作为圆度误差。圆柱度误差是指沿气缸轴线的轴向截面上磨损的不均匀性，将被测气缸表面任意方向所测得的最大直径与最小直径差值的一半作为圆柱度误差。最大油膜间隙＝气缸内径测量值-活塞直径测量值。气缸的圆度和圆柱度如图 3-80 所示，尺寸要求见表 3-16。

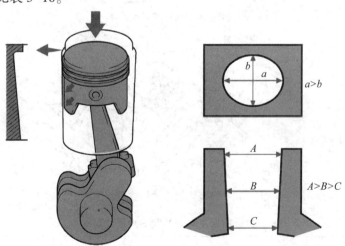

图 3-80　气缸的圆度和圆柱度

表 3-16　气缸的圆度和圆柱度尺寸要求

检测项目	尺寸要求/mm
气缸的圆度的最大油膜间隙	0.06
气缸的圆柱度的最大油膜间隙	0.02

注：如果圆度或圆柱度误差超过最大值，则对 4 个气缸重新镗缸。必要时可更换气缸体。

3. 检查活塞销间隙

使用千分尺测量活塞销外径，并且使用卡规测量活塞销孔内径，从而得到活塞销间隙，如图 3-81 所示。

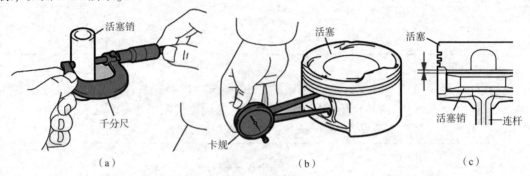

（a）　　　　　　　　　　　（b）　　　　　　　　　　　（c）

图 3-81　测量活塞销

（a）测量活塞销外径；（b）测量活塞销孔内径；（c）活塞销间隙

4. 检查曲轴主轴颈油膜间隙

将塑料间隙规穿过曲轴主轴颈，安装主轴承盖（拧紧扭矩为 75 N·m）。不要转动曲轴，拆下主轴承盖，在最宽处测量油膜间隙，如图 3-82 所示。曲轴主轴颈油膜间隙尺寸要求见表 3-17。

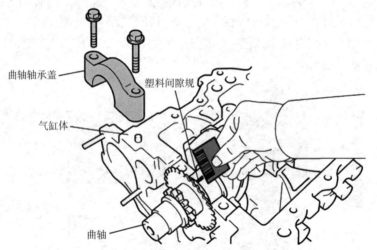

图 3-82　检查曲轴主轴颈油膜间隙

表 3-17　曲轴主轴颈油膜间隙尺寸要求

检测项目	尺寸要求/mm
标准油膜间隙	0.015～0.033
最大油膜间隙	0.10

注：如果油膜间隙大于最大值，则应更换轴瓦。必要时可更换曲轴。

5. 检查活塞环间隙

1）检查活塞环槽间隙

活塞环槽间隙（侧隙）是指活塞环与活塞环槽上、下平面间的间隙。用塞尺测量新活塞环与环槽壁之间的间隙，测量方法如图3-83所示。活塞环槽间隙尺寸要求见表3-18。

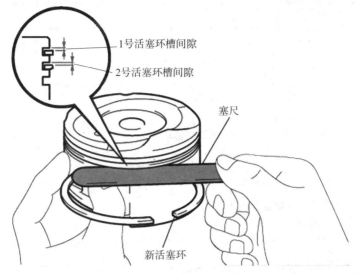

1号活塞环槽间隙

2号活塞环间隙

塞尺

新活塞环

图3-83　检查活塞环槽间隙

表3-18　活塞环槽间隙尺寸要求

检测项目	尺寸要求/mm
1号活塞环槽间隙	0.040~0.080
2号活塞环槽间隙	0.030~0.070

注意：如果活塞环槽间隙大于最大值，则应更换活塞环或活塞。

活塞环槽间隙过大影响活塞环的密封作用，会增加耗油量，并产生异常响声。活塞环槽间隙过小，则可能拉伤气缸内壁。

2）检查活塞环开口间隙（端隙）

检查活塞环开口间隙（端隙）是指活塞环开口处的间隙。使用活塞将活塞环推入气缸中离气缸体顶部97 mm位置，保持活塞环水平，使用塞尺测量，测量方法如图3-84所示。活塞环开口间隙尺寸要求见表3-19。

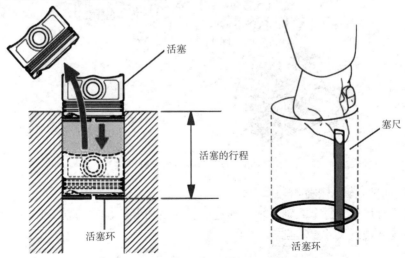

活塞

活塞的行程

活塞环

塞尺

活塞环

图3-84　检查活塞环开口间隙

表 3-19　活塞环开口间隙尺寸要求

检测项目		尺寸要求/mm
标准活塞环开口间隙	第一道环	0.250~0.450
	第二道环	0.350~0.600
	油环	0.150~0.500
最大活塞环开口间隙	第一道环	1.05
	第二道环	1.20
	油环	1.10

　　注意：如果活塞环开口间隙大于最大值，则应更换活塞环。如果采用新活塞环后，其开口间隙仍大于最大值，则应对 4 个气缸重新镗缸或更换气缸体。

　　3）活塞环背隙的检查

　　背隙是指活塞与活塞环装入气缸后，在活塞环背部与活塞环槽之间的间隙。常以活塞环槽深与活塞环的宽度之差来表示。若背隙过小，会使活塞环在气缸中卡死。活塞环背隙尺寸范围为 0.10~0.35 mm，若不符合要求，应更换活塞环或活塞。

　　6. 检查曲轴

　　1）检查曲轴的径向跳动

　　将曲轴放在 V 形块上，缓慢转动曲轴并避开油孔。用百分表测量中间轴颈处的径向跳动，如图 3-85 所示。最大径向跳动为 0.03 mm。如果径向跳动大于最大值，则应更换曲轴。

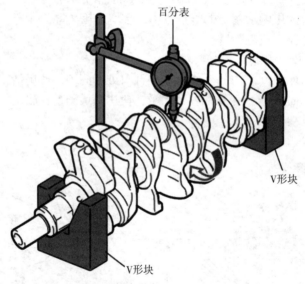

图 3-85　检查曲轴的径向跳动

　　2）检查曲轴主轴颈和连杆轴颈

　　用螺旋千分尺测量每个曲轴主轴颈和连杆轴颈的直径，测量方法如图 3-86 所示，曲轴主轴颈和连杆轴颈尺寸要求见表 3-20。

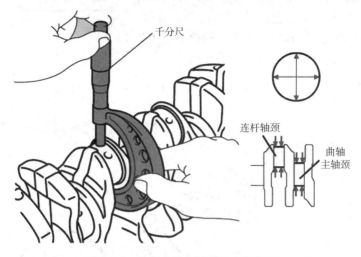

图 3-86　检查曲轴主轴颈和连杆轴颈

表 3-20　曲轴主轴颈和连杆轴颈尺寸要求

检测项目		尺寸要求/mm
曲轴主轴颈直径	标准型	47.982~48.000
	加大尺寸 0.25 型	47.845~47.755
连杆轴颈直径	标准型	39.985~40.000
	加大尺寸 0.25 型	39.845~39.755

注意：如果直径不符合规定，则应检查油膜间隙。必要时，更换曲轴。

六、重新组装气缸体各部件

1. 安装曲轴（图 3-87）

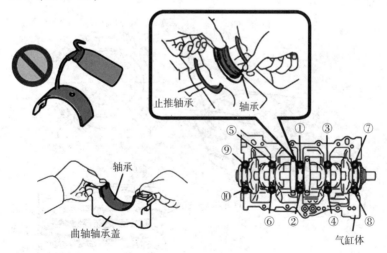

图 3-87　安装曲轴

（1）在曲轴轴承盖和气缸体上安装轴承和止推垫圈。图中①~⑩为螺栓紧固顺序。

（2）在轴承表面涂上发动机机油。

注意：不要将发动机机油涂在轴承背面。

（3）将曲轴放在气缸体上。

（4）按照图示顺序上紧轴承盖安装螺栓，力矩为 75 N·m。

（5）曲轴装配后，应确保能够用手转动它。

2. 重新组装活塞

1）重新装配活塞及连杆

将活塞和连杆的向前标记对准，将活塞、活塞销和连杆固定到专用工具中，并且用一个液力压床将活塞销压入活塞，如图 3-88 所示。

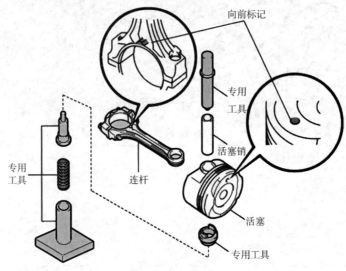

图 3-88　安装活塞销

2）安装活塞环

用手安装刮油环。使用活塞环扩张器安装 2 号活塞环、1 号活塞环，注意活塞环向上标记，如图 3-89 所示。

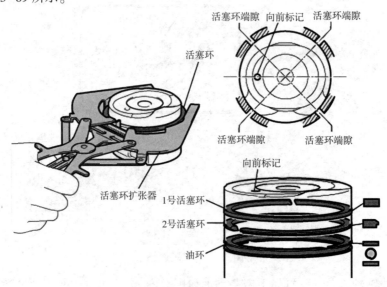

图 3-89　安装活塞环

注意：环的开口不要在同一条线上。

3. 将活塞安装到气缸内

1）定位气缸

定位气缸体并保持安装面竖直朝上，检查气缸盖的平直度如图3-90所示。

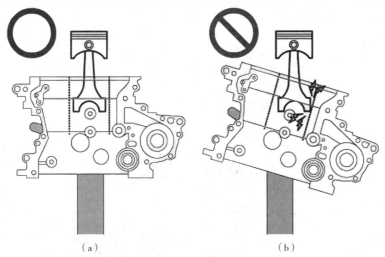

图3-90 检查气缸盖的平直度

（a）正确放置气缸体；（b）不正确放置气缸体

注意：如果气缸体的定位发生偏差或倾斜，放入活塞时连杆可能会损坏气缸内壁。如果连杆上有螺栓，在各螺栓上套一根塑料管，以防损坏气缸内壁。

2）安装连杆轴承

在轴承盖和连杆上安装连杆轴承，在轴承表面涂上发动机机油。

3）用活塞环压缩器收紧活塞环

在活塞表面和气缸孔内涂上机油。在活塞环压缩器的内表面涂油，收紧并压缩活塞环。通过锤柄轻轻敲打将活塞从气缸顶部插入，其定位向前标记应当朝向发动机的前面，如图3-91所示。

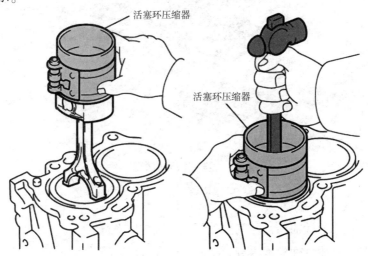

图3-91 安装活塞到气缸内

注意：不要在活塞环压缩器内转动活塞，不要损坏活塞和活塞环。

4）安装与连杆相对应的连杆盖

使前端标号朝前。在连杆盖螺母下面涂上薄薄一层发动机机油，安装并按顺序交替拧紧螺母。力矩：29 N·m+90°，其含义为先将连杆盖螺母先用扭矩扳手拧紧到29N·m，再将螺母从当前位置继续旋转拧紧90°。

5）检查

每次装配一个活塞后，转动曲轴，确保其能够自由转动。

任务三　组装和安装发动机

组装发动机是将经过大修的气缸盖和气缸体装配成一个单体发动机，安装发动机是将经过大修的发动机安装到车上并对装配状况进行最终检查。

一、组装发动机

1. 安装油底壳

安装 2 号油底壳和 1 号油底壳、机油集滤器和放油螺塞，清洁后在油底壳接触面涂上规定型号和厚度的密封胶，上紧安装螺栓至规定扭矩，如图 3-92 所示。

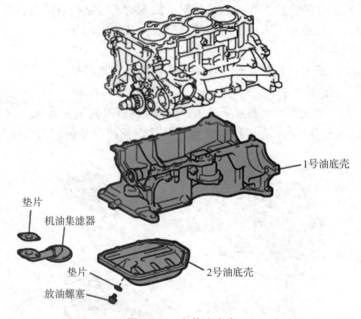

图 3-92　安装油底壳

2. 安装气缸垫（图 3-93）

（1）安装气缸盖垫片前，清洁气缸盖下部和气缸体上部。

（2）清洁螺栓孔中的油污或水分。

（3）按照正确的方向将垫片定位，然后安装在气缸体上。

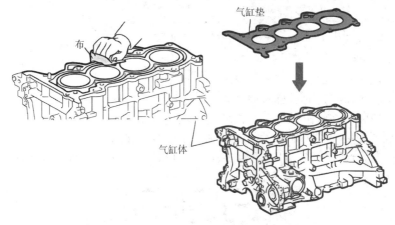

图 3-93 安装气缸垫

3. 安装气缸盖

（1）将气缸盖和气缸体的锁销对准，然后将气缸盖放在气缸体上，如图 3-94 所示。

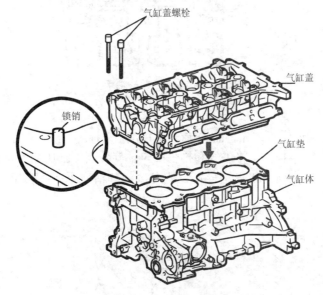

图 3-94 安装气缸盖

注意：气缸盖放在气缸体上时应小心，不要移动气缸盖，避免划伤气缸盖下平面。

（2）上紧气缸盖螺栓。在气缸盖螺栓头部下面和螺纹处涂上一层薄薄的发动机机油，按顺序安装并均匀地拧紧 10 个气缸盖螺栓，拧紧扭矩：29 N·m+180°+90°，其含义为首先使用扭矩扳手将气缸盖螺栓拧紧到 29 N·m，使螺栓初步获得一定的预紧力，将气缸盖与缸体等部件初步固定住。其次将螺栓继续拧紧 180°，这一步是为了进一步增加螺栓的预紧力，使气缸盖与缸体之间的密封更加可靠。一般来说，仅靠 29N·m 的扭矩可能无法达到理想的密封效果和连接强度，需要再旋转一定角度，使螺栓伸长量等方面达到更合适的状态，从而更好地保证密封性和整体结构的稳定性。最后将螺栓从当前位置继续拧紧 90°，再次增加螺栓的预紧力，确保气缸盖螺栓达到最终所需的紧固程度，保证气缸盖与缸体之间在发动机工作过程中能够承受高温、高压等各种工况，防止出现漏气、漏水等问题。

4. 安装油封

在发动机后油封和正时链条盖油封唇部涂上油脂，使用专用工具安装到位。

5. 安装凸轮轴

（1）安装凸轮轴正时链轮。

（2）从1缸上止点逆时针旋转曲轴45°，使活塞向下移动。

（3）将凸轮轴放在气缸盖上，以便使凸轮轴尽可能水平。

（4）按顺序安装并均匀地拧紧凸轮轴轴承盖螺栓，如图3-95所示，图中①~⑤为凸轮轴轴承盖螺栓的安装顺序；I2~I5、E2~E5分别指不同的凸轮轴轴承盖的标记及代号，I为进气，E为排气。

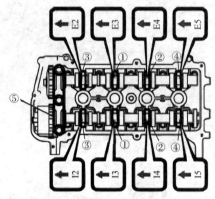

图 3-95　安装凸轮轴轴承盖

6. 安装正时链

（1）设定正时标记位置。先将曲轴旋转到1缸（未标出，通常1缸是指靠近曲轴皮带轮的缸）上止点后40°~140°，将进气和排气凸轮轴旋转到1缸压缩上止点后20°，再将曲轴旋转到1缸压缩上止点后40°，这样可以避免气门和活塞干扰。设定正时标记位置如图3-96所示。

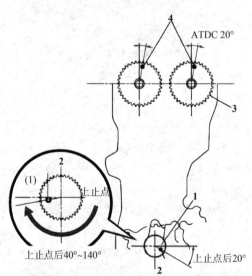

1—曲轴正时链轮；2—曲轴正时链轮正时标记；3—凸轮轴正时链轮；4—凸轮轴正时链轮正时标记。

图 3-96　设定正时标记位置

（2）安装正时链条减振器。

（3）安装正时链条。按照顺序将正时链条放在凸轮轴和曲轴链轮上，同时从正时链条减振器侧拉链条，如图3-97所示。

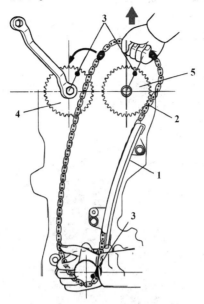

1—正时链条减振器；2—正时链条；3—正时标记；4—排气凸轮轴正时链轮；5—进气凸轮轴正时链轮。

图3-97 安装正时链条

如果正时链条和正时链轮轮齿正时标记有偏差，转动凸轮轴进行校正。为了防止排气凸轮轴弹回，使用扳手转动并固定。

（4）检查正时标记。安装正时链条张紧器和正时链条张紧器导板后，顺时针转动曲轴两周，确保曲轴链轮、凸轮轴链轮对齐正时标记，如图3-98所示。

注意：慢慢转动曲轴，当转动曲轴困难时，不要使用大的力。转动曲轴两周后如果正时标记偏离，应重新安装正时链条。

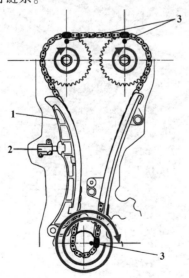

1—正时链条张紧器导板；2—正时链条张紧器；3—正时标记。

图3-98 检查正时标记

7. 安装正时链条盖

在正时链条盖上涂密封胶，更换新的 O 形圈，安装正时链条盖，如图 3-99 所示。

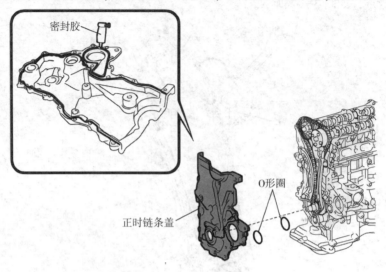

图 3-99　安装正时链条盖

8. 安装曲轴皮带轮、水泵和水泵皮带轮

9. 检查气门间隙

10. 安装气缸盖罩

（1）在气缸盖罩上安装衬垫，如图 3-100 所示。

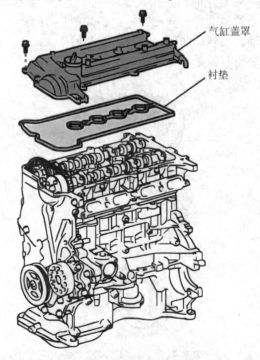

图 3-100　安装气缸盖罩衬垫

（2）在气缸盖上平面如图3-101（a）所示位置涂密封胶，安装气缸盖罩，从内侧向外侧上紧安装螺栓，如图3-101（b）所示，图中①~⑪为螺栓紧固顺序。

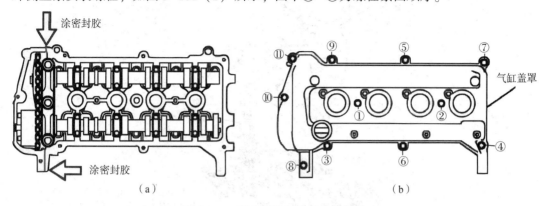

图3-101 涂密封胶并上紧安装螺栓

（a）涂密封胶处；（b）螺栓紧固顺序

二、安装发动机到车上

1. 安装进气、排气歧管、发电机、发动机线束（图3-102）

安装进气和排气歧管时使用新的垫片，并按从内侧向外侧的顺序上紧安装螺栓和螺母。

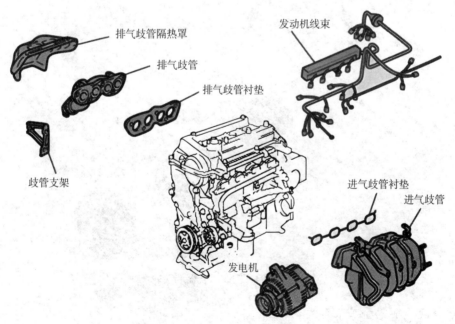

图3-102 安装进气、排气歧管、发电机、发动机线束

2. 从发动机翻转架上吊起发动机

将发动机吊索装置连接到发动机吊耳上，用发动机吊索装置缓慢地吊起发动机，拆卸发动机翻转架上的安装螺钉，如图3-103所示。操作过程中注意保持发动机平稳。

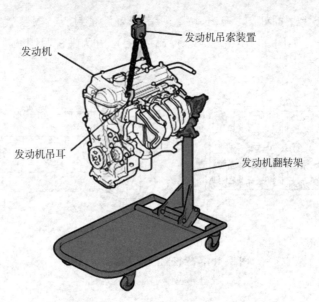

图 3-103　从发动机翻转架上吊起发动机

3. 安装离合器和飞轮

使用专用工具固定曲轴，安装飞轮并上紧安装螺栓。安装摩擦片和离合器时，应用专用工具将摩擦片对准离合器和飞轮中心。安装离合器和飞轮如图 3-104 所示。

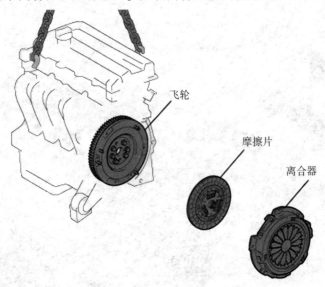

图 3-104　安装离合器和飞轮

4. 将变速驱动桥安装到发动机上

将润滑脂抹在变速驱动桥输入轴的花键上，将离合器的中心与变速驱动桥的输入轴对准，将变速驱动桥和发动机连接到一起，并上紧安装螺栓，如图 3-105 所示。

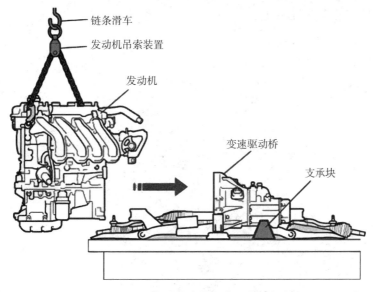

图 3-105　将变速驱动桥安装到发动机上

5. 将发动机放在发动机举升机上

使用垫块调整发动机变速驱动桥悬架梁的位置和角度，然后将其放在发动机举升机上，如图 3-106 所示。

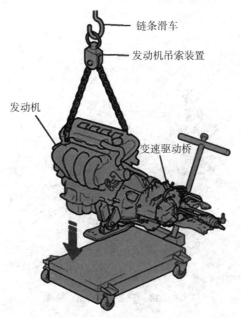

图 3-106　将发动机放在发动机举升机上

注意：不要造成发动机油底壳变形。

6. 举升发动机

举升发动机时，线束和管道不要钩在其他位置上或与车身接触，如图 3-107 所示。对正车身和悬架梁，用手安装发动机支架螺栓（不要上紧）。安装悬架梁螺栓，并上紧到规定的扭矩，然后移开发动机举升机。

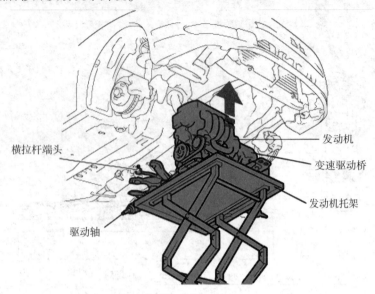

图 3-107　举升发动机

7. 安装车下部的部件

安装半轴、横拉杆端头、排气管和稳定器等，如图 3-108 所示。安装时防止部件滑落。

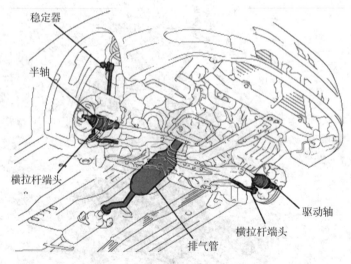

图 3-108　安装车下部的部件

8. 安装发动机舱中的部件

放下发动机，在发动机舱内安装换挡及选挡拉索、离合器分离泵、空调压缩机、传送皮带、加速踏板拉索，上紧发动机支架螺栓到规定扭矩，如图 3-109 所示。

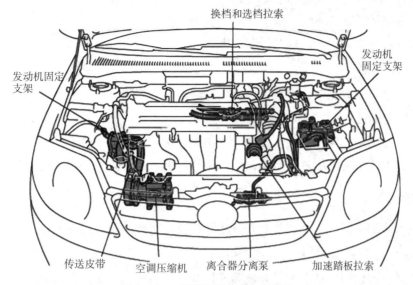

图 3-109 安装发动机舱中的部件

9. 连接燃油管

10. 连接软管，并安装卡箍

正确地将软管连接到其原来的拆卸位置，并安装卡箍，如图 3-110 所示。

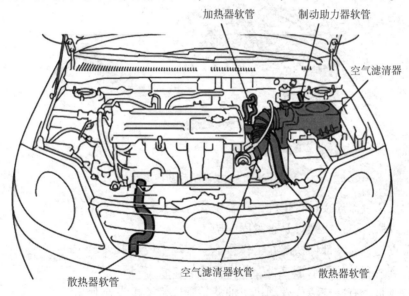

图 3-110 连接软管

安装空气滤清器时，应先使用空气枪清洁空气滤清器总成。

11. 安装转向传动轴

确保方向盘和转向齿轮处于中心位置，然后将转向传动轴与转向齿轮的装合标记对准并连接，将螺栓上紧到规定扭矩。

注意：如果转向传动轴和转向齿轮的位置不对准，方向盘的中心位置将偏移，空气囊螺旋电缆也可能会断裂。

12. 连接插接器和线束

连接拆卸发动机时断开的插接器和线束。

13. 注入冷却液

注入规定型号和数量的冷冻液，并排出冷却系统中的空气。

14. 安装蓄电池

检查蓄电池端子位置，安装蓄电池，并用电池夹固定。

注意：蓄电池中有电解液（稀硫酸），因此不要倾斜电池，防止电解液溢出。

三、最终检查

发动机大修结束后，检查工作是否有错误以及发动机是否能正确运行。

1. 发动机起动前检查

进行下述检查以便确认总成是否遗漏或松开，发动机起动前检查如图 3-111 所示。

图 3-111　发动机起动前检查

（1）确认插接器连接是否正确，轻轻拉动各连接器，检查其是否松脱。

（2）检查所有螺栓或螺母是否紧固完毕。

（3）检查是否有零部件遗漏在工作台上、车辆上或周围。

（4）检查所有的软管卡箍是否安装在正确的位置。

（5）检查是否有冷却液或发动机机油从软管或管道接头处泄漏。

（6）检查发动机油是否加注适量。

（7）检查传动皮带是否安装正确，张紧力是否适当。

（8）检查发动机起动时是否有异常声音（嗒嗒声或者刮擦声）。

（9）连接燃油泵连接器，打开点火开关，检查是否漏油。

2. 发动机起动后检查

（1）检查发动机是否容易起动。

（2）检查发动机起动后是否有异常声音（如嗒嗒声或摩擦声等）。

（3）检查是否漏油。

（4）检查是否有机油或冷却液泄漏。

（5）检查是否漏气。

（6）检查是否有异常的发动机振动。

3. 检查发动机性能和排放

使用发动机性能检测仪检查发动机转速、点火时间是否正确，使用CO/HC测试仪检测发动机排放是否符合法规标准，如图3-112所示。

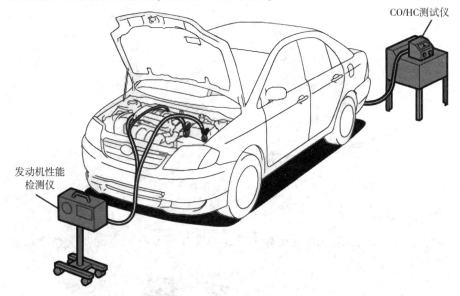

图3-112　检查发动机性能和排放

4. 检查冷却液

完成发动机预热后，关闭发动机并等待冷却液完全冷却。冷却液完全冷却后，检查散热器和水箱中的冷却液液位。必要时，向散热器中注入冷却液，直至达到储液罐中的FULL标记，如图3-113所示。

图3-113　检查冷却液

5. 行驶中检查（图 3-114）

（1）起动车辆时，检查拆卸过的部件周围是否有异常噪声。

（2）加速和减速时，或进行发动机制动时，检查是否有异常噪声。

图 3-114　行驶中检查

6. 行驶后检查

行驶后，检查发动机机油油量及有无泄漏，检查燃油有无泄漏，检查冷却液有无泄漏，如图 3-115 所示。

图 3-115　行驶后检查

7. 恢复车辆信息

完成所有的检查后，恢复拆卸前记录的收音机频道、时钟和座椅位置等车辆信息。

任务四 发动机磨合和验收

一、发动机磨合

发动机的磨合是发动机组装后，为改善零件摩擦表面几何形状和表面物理机械性能的运转过程。发动机大修后的磨合包括冷磨合和热磨合两个阶段。

1. 发动机冷磨合

发动机冷磨合时，一般不安装火花塞。将发动机置于专用的磨合台架上，用可改变转速的动力装置连接在发动机飞轮或曲轴带轮上，带动发动机转动。冷磨合时，为了有利于散热并冲洗摩擦表面的磨屑，应加注黏度较小的润滑油。

冷磨合时起动发动机，应以 400~700 r/min 的速度运转不少于 1.5 h，以 800~900 r/min 的速度运转不少于 0.5 h。冷磨合时注意机油压力表指示情况，当发现机油压力过低或出现异响等异常情况时，应立即停机，查明原因并予以排除。

冷磨后的发动机，应放出全部润滑油，加入清洗油（80%的柴油和 20%的机油，质量分数），转动约 5 min，然后放出，以清洗各油道，或将各主要零件拆下，进行清洗和检查。

2. 发动机热磨合

发动机热磨合分为无负荷热磨合和有负荷热磨合两种。

1）无负荷热磨合

发动机冷磨合后，应装上全部附件，起动发动机，使其在无负荷状态下运转，进行无负荷热磨合。

起动发动机后，应以 1 500~2 000 r/min 的速度运转约 20 min。在热磨合期间应避免长时间怠速运转，以防采用飞溅润滑的凸轮、挺柱及气缸壁等零部件润滑不良。热磨合期间应确保发动机机油压力正常，冷却液温度不至于过高。检查机油有无渗漏。如果需要任何调整，应立即关闭发动机。

热磨合后应检查发动机的气缸压力。检查气缸压力应在发动机冷却液温度正常时进行，拆除全部火花塞，以起动机带动发动机转动，用气缸压力表逐缸检查，气缸压力应符合规定。

2）有负荷热磨合

发动机有负荷热磨合可在测功机上进行。在测功机上进行有负荷热磨合还可以同时检测发动机的动力性，由于大修后的发动机处于磨合阶段，所以不能测定发动机最高转速下的额定功率，通常是测定发动机的最大转矩。即发动机在正常温度条下，使节气门全开，同时逐渐加大负荷，使发动机稳定在最大转矩的转速下，测定其最大转矩值，要求最大转矩不低于原厂规定值的 90%。

如果没有测功机，在确认发动机不存在严重泄漏且运行良好的前提下，可驾驶汽车到车流量较少的路上试车，进行有负荷热磨合。试车前，应再一次检查所有软管连接情况和液面高度。

在路试中，先让汽车加速行驶，此时节气门全开车速从 50 km/h 加速到 80 km/h。再关闭节气门，使汽车滑行减速到 50 km/h。由于活塞环是现代发动机最需要磨合的部分，

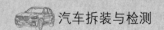

让汽车加速可以给活塞环施加一定的载荷，使活塞环紧靠在气缸壁上，有助于磨合活塞环。减速阶段也有助于将额外的机油吸到缸壁上以防拉缸。在所有磨合程序完成后，复查发动机机油有无渗漏。确保所有线路和管路连接正确，所有指示灯或仪表工作正常。

二、发动机的验收标准

发动机经磨合、试验和调整后，要进行发动机的验收。必须保证动力性能良好，怠速运转稳定，排放正常。发动机的验收标准如下。

（1）在发动机冷却液温度正常时，发动机的气缸压力、机油压力、进气歧管真空度应符合要求。

（2）发动机在正常温度下，5 s内应能起动，低、中、高速运转均匀、稳定，冷却液温度不应超过限度；加速性能良好，应无断火、进气管回火及排气管放炮等现象。发动机的排放限值应符合有关规定。

（3）发动机运转稳定后，不允许有活塞敲缸声和活塞销、连杆轴承和曲轴轴承等异响。

（4）发动机不应有漏油、漏水、漏气、漏电现象。

三、发动机大修后的使用

1. 走合期

为保证发动机的使用寿命，大修发动机的汽车必须进行走合期的磨合，并在走合期结束时进行一次走合维护。汽车走合期间磨合的状况，直接关系着汽车的使用寿命，必须按生产厂家的规定驾驶汽车，做好走合期间的维护工作。

2. 发动机在走合期的使用规定

大修发动机汽车的走合期的规定如下。

（1）走合期的里程为 1 500~3 000 km。

（2）在走合期内，应选择较好的道路并减载限速运行。一般汽车按装载质量标准减载20%~25%，并禁止拖带挂车；半挂车按装载质量标准减载 25%~50%。

（3）在走合期内，驾驶员必须严格执行操作规程，保持发动机正常工作温度。走合期内严禁拆除发动机限速装置。

（4）走合期内认真做好车辆日常维护工作，经常检查、紧固各外部螺栓、螺母，注意各总成在运行中的声响和温度变化，及时进行调整。

（5）走合期满后，应进行一次走合期维护，更换机油，清洗滤清器，最好重新拧紧缸盖螺栓。机械气门挺杆在走合保养中也可重新调整。装有铸铁进气歧管的发动机应在发动机工作温度下重新拧紧进气歧管以防漏气。

3. 走合期后的注意事项

走合期后的 3 000~4 000 km 是汽车由走合期到使用期的过渡阶段。因此，在此阶段中，发动机仍不宜以很高的转速运转，车速不宜过快，汽车不要超载，并尽量避免在恶劣路面上行驶。

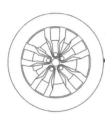

项目四
发动机检测、维修项目

任务一　发动机检测项目

常见的发动机检测项目包括检测发动机压缩压力、检测进气歧管真空度、检测机油压力、检查冷却系统泄露、检查汽油机燃油喷射系统、检查汽油机电控点火系统和检查柴油机燃油供给系统等。

一、检测发动机压缩压力

气缸压缩压力是指四行程发动机压缩结束时的压力。测量发动机气缸压缩压力，可以诊断气缸活塞组的密封情况，活塞环、气门和气缸垫密封性是否良好和气门间隙是否合适等。

本田雅阁发动机压缩压力检查步骤如下。

（1）检查蓄电池电量是否充足。

（2）将发动机暖机到正常工作温度（冷却风扇运行）。

（3）将点火开关转至"LOCK"位置。

（4）拆下所有气缸的喷油器插接器。

（5）拆下点火线圈插接器。

（6）拆下所有火花塞。

（7）将气缸压力表固定到火花塞孔上，如图4-1所示。

（8）完全打开节气门，然后用起动机起动发动机并测量压缩压力。压缩压力应在930 kPa（9.5 kgf/cm²）以上。

（9）测量其余气缸的压缩压力。最大偏差应在200 kPa（2.0 kgf/cm²）以内。

（10）如果压缩压力不在规定值范围内，则检查以下项目。排除故障后，重新测量压缩压力。

①检查气门正时、气门间隙是否正常。

②如果某个气缸的压缩压力低，先向火花塞孔中加入少量发动机机油，再重新检查压缩压力。如果缸压增加，则可能是活塞环磨损；如果缸压没有明显变化，则可能是气门密封不严。

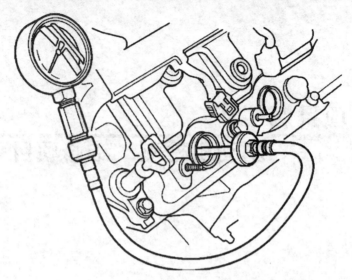

图 4-1　安装气缸压力表

③如果相邻两个气缸压缩压力低，并在添加机油后压力仍低，则可能是气缸衬垫有泄漏。

（11）将气缸压力表从火花塞孔上拆下。

（12）安装所有火花塞。

（13）安装点火线圈插接器和喷油器插接器。

二、检测进气歧管真空度

进气歧管真空度是进气管内的进气压力与外界大气压力的差值。检测进气歧管真空度，可以诊断气缸、配气机构各零部件和配气正时、点火正时等许多发动机的技术状态。

1. 检测步骤

将真空表上的软管接在节气门后方真空接口上（如碳罐电磁阀的真空接口等），检测步骤如下。

（1）将发动机预热至正常工作温度。

（2）将变速器置于空挡。

（3）把真空表软管与进气歧管上的检测孔连接。

（4）让发动机怠速稳定运转，在真空表上读取真空度读数。

（5）快速调整节气门，读取发动机在急加速和急减速工况下的真空表读数。

（6）踩下加速踏板，使发动机保持在 1 000 r/min 的小负荷工况，读取真空表此时的读数。此项检测常用于诊断发动机排气管的堵塞程度。

（7）对检测结果进行分析。

2. 检测结果分析

1）怠速工况真空度分析

在发动机正常工作时，怠速工况下的进气歧管真空度应为 50~70 kPa。具体分析如下。

（1）如果怠速测试时的真空表读数低于上述范围，且变化范围不大，则应检查初始点火正时、配气正时、气缸压力和曲轴箱强制通风控制阀等的状况。

（2）如果怠速测试时的真空表读数不断有规律地下降6～9 kPa，则应检查是否有不工作的火花塞、烧坏的气门或烧坏的活塞，可进一步进行气缸压力测试。

（3）如果发现真空表读数不规则地下降到10～27 kPa，则应检查火花塞及密封情况，检查气门、气门挺杆或液压挺杆是否卡滞。

（4）如果真空表读数缓慢地在27～34 kPa之间变化，则应检查混合气是否过浓，检查火花塞间隙是否太小。

（5）如果怠速时真空表指针快速地在47～61 kPa之间变化，则可能是进气门挺杆与导管磨损、配合松动。如果真空表指针在34～76 kPa之间缓慢变化，并且随着发动机转速的升高数值跳动加剧，则可能是气门弹簧弹力不足。

（6）如果怠速时真空表指针在18～65 kPa之间大幅度地来回变化，则是由气缸衬垫漏气所引起的。

（7）如果发动机怠速过高，测试时进气歧管真空度小于40 kPa，说明是发动机的节气门后的歧管或总管漏气，漏气部位一般是歧管垫以及与歧管相连接的诸多管路。如制动真空助力器气管等。

（8）如果发动机起动困难，起动后无法在怠速工况稳定运转，测试发动机的真空度在50 kPa以上。说明发动机的进气管路没有问题，故障在于电控系统造成的点火不良或喷油不良，如点火线圈故障等。

2）变工况真空度分析

在发动机急加速和急减速时进行测试，也可显示活塞漏气的程度。急加速时，真空表的读数应突然下降；急减速时，真空表数值将在原怠速时的位置向上大幅度跳跃。迅速开闭节气门，若真空表指针灵敏地在6.7～84.6 kPa之间摆动，说明进气管真空度对节气门开度的随动性较好，意味着各部位在各工况的密封性均较好。具体分析如下。

（1）如果迅速开闭节气门时，真空表指针的摆动幅度不太明显，说明气缸和活塞之间漏气严重。

（2）如果怠速时真空表读数低于正常值，急加速时真空表指针回落到0附近，节气门突然关闭时指针也不能升高到86 kPa，说明活塞环或进气管衬垫有漏气现象。

3）小负荷稳定工况真空度分析

为了减少排放污染，现代汽车上大部分都装有三元催化转化器，当其内部因结胶、积炭和破碎等原因造成局部堵塞或随机堵塞时，就会加大排气的反压力，使进气歧管真空度过低，从而导致排气不彻底，进气不充分，堵塞严重时发动机只能勉强维持低速运转，甚至起动后就熄火。若需诊断发动机排气管是否堵塞，可在发动机转速为1 000 r/min的小负荷工况下进行进气歧管真空度检测，仔细观察真空表读数，如果读数明显地逐渐下降，则表明排气系统存在阻塞现象。

需要说明的是，以上数值都是在相当于海平面高度下测得的数值，由于进气歧管真空度与海拔高度有关，通常海拔每升高500 m，真空度将减小5.5 kPa。因此，在测定进气歧管真空度时，需根据所在的海拔高度情况进行换算。

三、检测机油压力

1. 机油压力对发动机工作的影响

发动机工作时，其润滑系统内必须保持正常的机油压力。如果机油压力过低，各润滑表面会因得不到足够的润滑油而加剧磨损。如果机油压力过高，会过多地消耗发动机的动力，也容易使油封漏油。

2. 机油压力的测量方法

发动机上一般设有专门的机油压力测量孔，在检测机油压力时，通常利用发动机缸体上的机油压力开关螺孔。以天籁 VQ23DE 发动机为例，检测机油压力的步骤如下。（警告：发动机机油的温度很高，小心不要被烫伤。）

（1）检查机油液面高度。

（2）断开油压开关处的线束接头，并拆卸油压开关。

（3）安装油压表和软管。机油压力表如图 4-2 所示。

图 4-2 机油压力表

（4）起动发动机，暖机至正常工作温度。

（5）在发动机空载运转时，检查油压。标准发动机油压见表 4-1。

表 4-1 标准发动机油压（发动机温度在 80℃以上）

发动机转速/（r/min）	输出压力/kPa
怠速	大于 98
2 000	大于 294

（6）清洁油压开关并涂上密封胶，拧紧油压开关，扭矩为 14.8 N·m。

（7）暖机后，确认在发动机运行时没有机油泄漏。

3. 机油压力不正常的主要原因

机油压力过低的原因主要是机油泵磨损、机油黏度太低、曲轴主轴承和连杆轴承间隙过高。机油压力过高的原因主要是机油黏度过大、主油道堵塞、安全阀或限压阀调整不当等。

四、检查冷却系统泄漏

警告：在发动机运转的时候，或在发动机和散热器很烫的时候，千万不要拆下冷却系统盖。

以天籁 VQ23DE 发动机为例，说明冷却系统泄漏的检查步骤。

1. 检查冷却系统泄漏

（1）检查发动机冷却液液位。

（2）拆下冷却系统盖。

（3）清洗冷却系统盖的安装部件。

（4）将散热器盖测试仪安装到冷却液储液罐的加注口，如图 4-3 所示。

（5）利用散热器盖测试仪施加压力（145 kPa）1 min。

注意：超过 145 kPa 的压力会损坏软管、管件和其他部件，并导致渗漏。

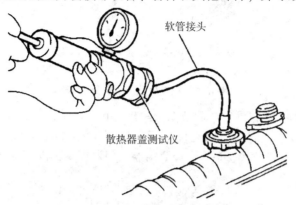

图 4-3　安装散热器盖测试仪

（6）向冷却液储液罐施加压力时，确保压力能够保持不变。如果压力表指针所指的压力降低，则表示冷却液泄漏。出现发动机冷却液减少的情况时，应向散热器中加注发动机冷却液。

2. 检查散热器盖

（1）拉出真空阀，拉力释放后确认是否能完全关闭，如图 4-4 所示。

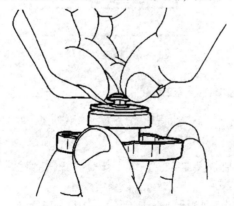

图 4-4　检查散热器盖真空阀

（2）检查散热器盖释放压力。用散热器盖测试仪检测散热器盖的压力阀的释放压力，如图 4-5 所示。标准值为 78~98 kPa，最低为 59 kPa。否则必须更换散热器盖。

注意：连接散热器盖和测试仪接头时，在密封面上涂冷却液。

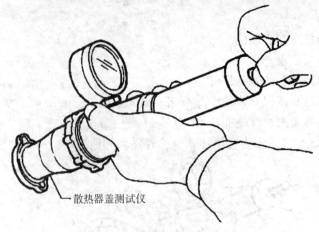

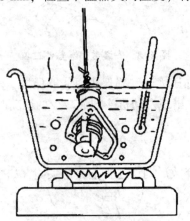

图 4-5 检查散热器盖的压力阀

（3）检查节温器。拆卸进水口和节温器组件，将节温器浸入水中，慢慢将水加热，如图 4-6 所示。检查节温器阀门开启温度，标准值为 80.5℃ ~ 83.5℃；检查节温器阀门升程，在 95℃ 阀门全开时为 8.6 mm；检查节温器关闭温度，标准值为 77℃。

图 4-6 检查节温器

五、检查汽油机燃油喷射系统

以丰田 3SZ-FE 发动机电控燃油喷射系统为例，说明燃油喷射系统的检查方法。

1. 检测燃油压力

通过检测燃油压力可判断燃油喷射系统工作是否正常。检测燃油压力的步骤如下。

（1）将燃油喷射系统卸压。

（2）用电压表测量蓄电池电压，标准电压应为 11~14 V。

（3）从蓄电池负极端子断开电缆。

（4）从燃油主管上断开燃油软管，安装压力表和燃油管连接器，如图 4-7 所示。

（5）擦净喷溅的汽油。

（6）将电缆重新连接到蓄电池负极端子。

（7）数据链路连接器（Data Link Connector，DLC）是车辆上用于连接诊断设备（如专用扫描仪等）的标准接口。通过 DLC，诊断设备可以与车辆的电子控制单元通信，读取故障代码、实时数据流或执行特定功能（如激活燃油泵等）。将检测仪连接到 DLC3 诊断接口，如图4-8所示。操作检测仪使燃油泵工作。

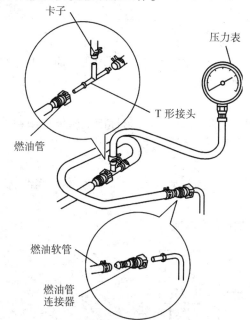

图4-7 安装压力表和燃油管连接器

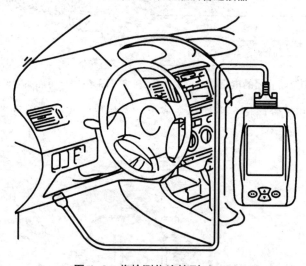

图4-8 将检测仪连接到DLC3

（8）测量燃油压力，标准燃油压力应为304~343 kPa。如果燃油压力大于规定值，则应更换燃油压力调节器。如果燃油压力小于规定值，则应检查燃油软管、燃油软管接头、燃油泵和燃油压力调节器。

（9）从DLC3诊断接口断开检测仪。

（10）起动发动机，在发动机怠速时测量燃油压力。标准燃油压力应为304~343 kPa。如果燃油压力不符合规定，则应检查真空软管和燃油压力调节器。

（11）将发动机熄火，5 min后检查燃油压力，标准燃油压力应为147 kPa或更大。如果燃油压力不符合规定，则应检查燃油泵、燃油压力调节器和喷油器。

（12）检查燃油压力后，从蓄电池负极端子断开电缆，并小心地拆下专用工具以防燃油喷溅。

（13）将燃油管重新连接到燃油主管上。

（14）检查燃油是否泄漏。

2. 检查喷油器

汽车行驶一定里程后，发动机内的积炭会沉积在喷油器上，燃油中的杂质等也会阻塞喷油器通路，导致发动机动力性能下降。

1）测量喷油器的电阻

用欧姆表测量端子间的电阻，测量方法与标准电阻值如图 4-9 所示。如果结果不符合规定，则更换喷油器总成。

2）检查喷油器喷油量

（1）将燃油管连接器连接到软管，然后将其连接到燃油管（车辆侧），如图 4-10 所示。

（2）将 O 形圈安装到喷油器总成上。

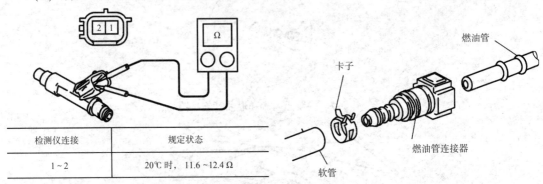

检测仪连接	规定状态
1～2	20℃ 时，11.6～12.4 Ω

图 4-9 测量喷油器的电阻　　　　图 4-10 将燃油管连接器连接到软管

（3）将接合器和软管连接到喷油器总成上，并用固定夹固定喷油器总成和接头，如图 4-11 所示。

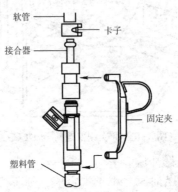

图 4-11 将接合器和软管连接到喷油器总成

（4）将喷油器总成放入量筒。

（5）使用检查燃油泵工作情况的办法，使燃油泵工作。

（6）将线束连接到喷油器总成和蓄电池上 15 s，并用量筒测量喷油量。对各喷油器测试 2 次或 3 次，如图 4-12 所示。

15 s 的喷油量应为 47～58 cm³，各喷油器最多相差 11 cm³。如果喷油量不符合规定，则更换喷油器总成。

注意：

（1）应在通风良好的场所进行此项检查，避免任何明火。

（2）将合适的塑料管安装到喷油器总成上以防汽油喷溅。

（3）务必在蓄电池旁边进行操作，不能在蓄电池的上面进行操作，以免引起火灾。

3）检查喷油器是否泄漏

在上一步骤专用工具连接的情况下，从蓄电池上断开线束的探针，并检查喷油器是否泄漏，如图4-13所示。滴油量要求：12 min 内 1 滴或更少。

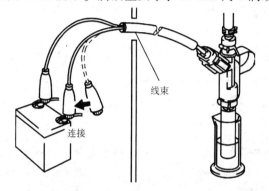

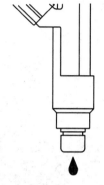

图4-12　将线束连接到喷油器总成和蓄电池上进行测试　　　图4-13　检查喷油器是否泄漏

六、检查汽油机电控点火系统

以丰田 8A-FE 发动机的分电器电控点火系统为例，说明点火系统的检查方法。丰田 8A-FE 发动机的电控点火系统主要部件包括点火线圈、分电器、高压导线和火花塞等，如图4-14所示。

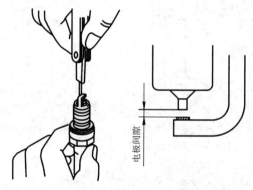

图4-14　检查火花塞间隙

1. 检查电火花的产生

（1）断开喷油器连接器。（避免多余的燃油进入气缸）

（2）把高压导线从火花塞上取下，拆下火花塞。

（3）把火花塞安装到高压导线上，搭铁端接地。

（4）起动发动机，检查是否有火花产生。

2. 检查火花塞

检查火花塞螺纹和绝缘体是否损坏。使用火花塞间隙规检测，丰田 8A-FE 发动机的火花塞电极间隙应为 0.7～0.8 mm。检查火花塞间隙如图4-14所示。

3. 检测高压导线的电阻

用欧姆表测量带阻抗的高压导线的电阻，如图 4-15 所示。每根高压导线的最大的电阻为 25 kΩ。如果电阻值远超过最大值，则检查接线柱，必要时应更换高压导线。

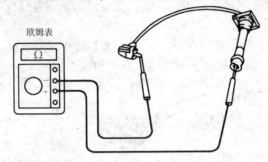

图 4-15　测量高压导线的电阻

4. 检测点火线圈电阻

（1）检测初级线圈电阻。拆下分电器盖、转子和点火线圈防尘罩，用欧姆表测量初级线圈电阻，如图 4-16 所示。初级线圈电阻冷态为 0.36～0.55 Ω，热态为 0.45～0.65 Ω。如电阻值与额定值不符，则更换点火线圈。

（2）检测次级线圈电阻。用欧姆表测量次级线圈电阻，如图 4-17 所示。

次级线圈电阻冷态为 9.0～15.4 kΩ，热态为 11.4～18.1 kΩ。如果电阻值与额定值不符，则更换点火线圈。

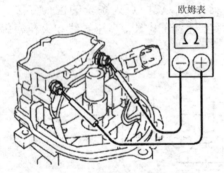

图 4-16　测量初级线圈电阻

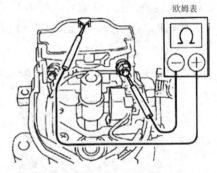

图 4-17　测量次级线圈电阻

5. 检查点火正时

检查点火正时分为使用检测仪和不使用检测仪两种方法。

1）使用检测仪检查点火正时

（1）预热并停止发动机。

（2）将检测仪连接到诊断接口 DLC3，将点火开关转至 ON 位置。

（3）怠速时检查点火正时，此时应关闭所有电气系统，变速器换挡杆应位于空挡位置。点火正时应为上止点前 5°～15°。

（4）将点火开关转至 OFF 位置，从 DLC3 断开检测仪。

2）不使用检测仪检查点火正时

（1）将发动机暖机。

（2）停机后使用专用工具（跨接线）短接诊断接口 DLC3 的 13（TC）端子和 4（CG）端子，如图 4-18 所示。此处的专业工具（跨接线），是一种用于连接电路的工具，可用于触发特定的诊断模式或重置系统。TC 通常代表 "Test Connector" 或 "Test Communication"，具体含义因车型和制造商而异。CG 通常代表 "Chassis Ground"，即底盘接地。在车载诊断系统中，不同的端子有不同的功能。例如，在丰田汽车中，TC 端子可能用于触发诊断模式，可能是进入发动机故障码读取模式或执行某些特定的测试程序。通过短接 TC 端子和 CG 端子，可以激活车辆的诊断功能，读取故障码或执行系统测试。

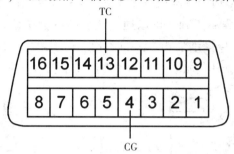

图 4-18 短接 13（TC）端子和 4（CG）端子

注意：

①确保不要接错，否则会损坏发动机。

②把所有电气系统关闭，变速器应位于空挡位置。

③在冷却风扇不工作时进行检查。

（3）使用正时灯检查点火正时，如图 4-19 所示，让发动机转速在 1 000~1 300 r/min 保持5 s后，在怠速时检查，点火正时应为上止点前 8°~12°。

如果点火正时不符合标准，则松动分电器固定螺栓，轻轻旋转分电器的位置进行调整，直至符合要求。

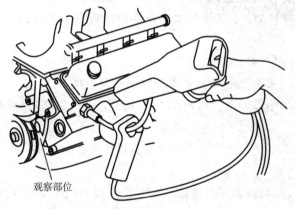

观察部位

图 4-19 使用正时灯检查点火正时

（4）取下 DLC3 上的专用工具。

（5）在怠速时检查点火正时，点火正时应为上止点前 5°~15°。

（6）发动机转速升高时，点火正时提前角应增大。

（7）拆下正时灯。

七、检查柴油机燃油供给系统

1. 喷油器的性能检测

以现代特拉卡 2.5 L 柴油机喷油器为例，说明柴油机燃油供给系统的检测步骤。

1）检测喷油起始压力

（1）将喷油器安装到喷油器试验台中，如图4-20所示。

（2）以每秒一个行程的速度上、下摇动喷油器试验台手柄。

（3）压力表指针缓慢上升，当喷油时指针摆动时，读取指针开始摆动的位置数值。检查喷油起始压力是否为标准值。标准值：1.5×10^4 kPa，最小值：1.32×10^4 kPa。

（4）如果起始喷油压力不正确，可以通过改变喷油器中垫片厚度来调整喷油起始压力，如图4-21所示。垫片厚度增加0.1 mm时喷射压力增加约1.2×10^3 kPa。部分发动机在喷油器上部有压力调整螺母。如果不能调整喷油起始压力，则更换喷油器总成。

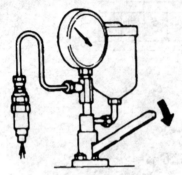

图4-20　喷油器试验台

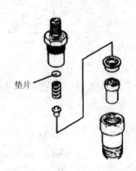

垫片

图4-21　喷油器中的垫片

注意：当拆卸喷油器体时，不要让污物或水进入。

2）检测喷油器针阀振动

（1）以每秒一个行程的速度上、下摇动喷油器试验台手柄。

（2）如果在操作手柄时可以听到间歇振动响声则表明喷油正常，针阀的振动可在手柄上感觉到。

3）检测喷油器针阀喷雾形态

（1）以每秒2~4个行程的速度摇动喷油器试验台手柄。

（2）检查喷油器的喷雾形态，如图4-22所示。良好的喷雾为锥形（锥角约为15°），且喷射均匀。

（3）如果喷油形态不良，则应更换喷油器偶件或喷油器总成。

4）检查喷油器滴漏

用喷油器试验台保持喷油器压力（$1.2 \times 10^4 \sim 1.32 \times 10^4$ bar）时，喷油器应不存在滴漏现象，喷油器滴漏现象如图4-23所示。当出现滴漏现象时，应更换喷油器偶件或喷油器总成。

喷射角过大　　　喷射偏斜　　　缝隙式喷射　　　断续喷射

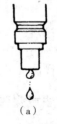
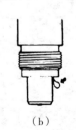

（a）　　　　　　　　　（b）

图4-22　喷油器的喷雾形态

（a）喷射良好；（b）喷射不良

（a）　　　　　（b）

图4-23　喷油器滴漏现象

（a）针阀偶件滴漏；（b）密封面漏油

2. 检测喷油泵

喷油泵总成性能的试验和调整工作是在喷油泵试验台上进行的。喷油泵试验台如图 4-24 所示。以无锡 6A106A 型威孚喷油泵总成的调试为例，说明喷油泵的调试方法。

图 4-24 喷油泵试验台

1）试验前的准备工作

（1）喷油泵安装到试验台前，先用手转动凸轮轴和操纵摇臂，检查其驱动机构及调节拉杆运动的灵活性，不得有卡住和碰撞现象。

（2）保证喷油泵及试验台各部件之间的连接可靠、正确。

（3）低速起动试验台进行试运转，用手压泵排出燃料系中的空气，并检查各油管连接处和密封处是否有渗漏现象，油温是否过高，有无异响，各部件工作是否正常。

2）检验与调整供油时间间隔

供油时间间隔是指各个分泵间相互供油的间隔角度，一般以喷油泵凸轮转角来表示。检验供油时间间隔，一般是检验各单个喷油泵开始供油时的间隔角度。因此，检查喷油泵开始供油的时刻，也就是检查油泵柱塞上升到能将柱塞套进油孔堵住的时刻。

检验与调整供油时间间隔的方法如下。

（1）将齿杆固定于供油位置，打开泵体上的放气螺塞，开动试验台，直至放气孔流出没有气泡的柴油，然后将放气螺塞拧紧。

（2）输油泵供油压力应为 0.3 MPa。将喷油器油管接通，以便各缸油管出油。

（3）转动刻度盘，当第 1 缸油管停止供油时，则说明该柱塞已上升堵住了进油孔，此时，即为第 1 缸开始供油，记住刻度盘读数。

（4）继续转动刻度盘，用同样的方法，按各缸工作顺序检验各单泵的供油时间间隔角度。

（5）同一发动机相邻各缸供油时间间隔角度偏差一般不得超过±0.50。当供油角度不符时，可以改变柱塞位置的高度来调整，即用柱塞挺柱上的调整螺钉来调整。

3）检查与调整供油量及供油均匀度

（1）检验供油量。在一定转速下，检查不同油量控制杆行程位置时各柱塞每喷 100 次或 200 次的供油量。一般常在 200 r/min、600 r/min 等转速时，检查油量控制杆在最大行程、50%行程和怠速 3 种情况下的油量。

①将油量控制杆调整到额定供油量位置和规定转速，测量各缸柱塞每压油 100 次或 200 次的供油量。

②将油量控制杆调整到 50%额定供油量位置和规定转速，测量各缸柱塞每压油 100 次或 200 次的供油量。

③将油量控制杆调整到怠速供油量位置和规定转速，测量各缸柱塞每压油 100 次或 200 次的供油量。

（2）检验供油均匀度。多缸柴油机各缸的供油量应尽可能一致。

①将上述所测各缸供油量按下式计算供油均匀度。

$$供油均匀度 = [（最大供油量-最小供油量）/平均供油量] \times 100\%$$
$$平均供油量 = （最大供油量+最小供油量）/2$$

②各缸供油均匀度的标准。高速时最大供油量的差别不超过 3%，中速时供油量的差别不超过 5%，低速时供油量的差别不超过 7%，各分泵平均供油量的差别不超过 5%。

③检验应进行 3 次，最后确定供油不均匀度是否合适。

任务二　发动机维修项目

一、清洁和更换空气滤清器

以天籁 VQ23DE 发动机为例，说明清洁和更换空气滤清器的步骤。

1. 拆卸空气滤清器

松开空气滤清器箱侧固定夹，提起上部空气滤清器箱，取出空气滤清器，如图 4-25 所示。

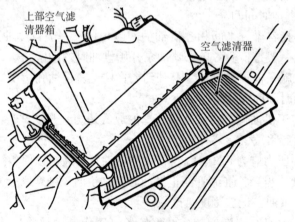

图 4-25　拆卸空气滤清器

2. 清洗或更换空气滤清器

按维修手册推荐的时间定期清洗或更换空气滤清器。清洗时，使用压缩空气从空气滤清器芯背面吹入，直到没有任何东西被吹出，如图 4-26 所示。

图4-26 清洗空气滤清器

二、更换机油和机油滤清器

以天籁 VQ23DE 发动机为例，说明更换机油和机油滤清器的步骤。

1. 检查机油油面高度

（1）起动发动机前，将汽车水平停稳检查发动机机油液位。如果发动机已起动，则关闭发动机，等待 10 min 后再进行检查。

（2）检查机油液位。拔出机油尺并擦拭干净，插入机油尺，确认发动机机油液位在如图 4-27 所示的范围内。

（3）如果油面偏低，检查是否有泄漏，并补加适量清洁机油；如果油面偏高，查明原因并排除后更换机油。

（4）检查发动机机油外观，如图 4-28 所示。检查机油是否有白色混浊或严重污染，如果机油出现混浊和白色，很有可能是受到了发动机冷却液的污染。必要时进行维修。

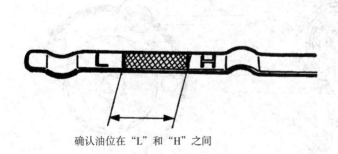

确认油位在"L"和"H"之间

图4-27 检查机油液位

图4-28 检查发动机机油外观

2. 排放发动机机油

注意：发动机机油的温度很高，小心不要被烫伤；避免废机油与皮肤直接接触，如果皮肤接触了废机油，应尽快使用肥皂或清洁剂清洗。

排放发动机机油的步骤如下。

（1）暖机，检查发动机机油是否泄漏。

（2）关闭发动机并等待 10 min。

（3）松开加油口盖，然后拆下油底壳上的放油塞，排放发动机机油。

（4）清洗放油塞，安装带有新垫圈的放油塞。拧紧油底壳放油塞，扭矩为 34.3 N·m。

3. 更换机油滤清器

（1）使用机油滤清器扳手，拆卸机油滤清器，如图 4-29 所示。

①拆卸时，准备一块抹布用来吸干泄漏或飞溅的发动机机油。

②不要让发动机机油粘到驱动皮带上。

③彻底擦拭干净发动机和汽车上的发动机机油。

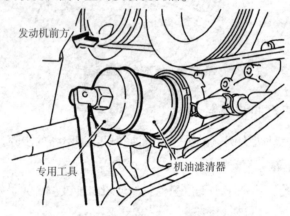

图 4-29　更换机油滤清器

（2）清除机油滤清器安装表面上附着的异物，并在新的机油滤清器的油封表面上涂抹发动机机油，如图 4-30 所示。

（3）手动旋入机油滤清器直至接触到安装表面，然后拧紧 2/3 圈，如图 4-31 所示。或按规定扭矩 17.6 N·m 拧紧。

图 4-30　更换机油滤清器 1

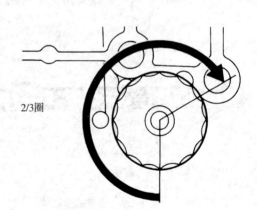

图 4-31　更换机油滤清器 2

4. 加注新机油

（1）按规定的规格和容量加注新机油　天籁 VQ23DE 发动机机油的规格和黏度：API SN 5W-30，机油加注量见表 4-2。

表 4-2　机油加注量

加注情形	机油量/L
更换机油滤清器	4.0
不更换机油滤清器	3.7
干燥发动机（发动机大修后）	5.0

①加注机油时，不要拔出机油尺。

②要使用机油尺检查机油加注量是否合适。

（2）暖机，并检查放油塞和机油滤清器周围机油是否泄漏。

（3）关闭发动机并等待 10 min，检查机油液面高度。

三、更换汽油滤清器

1. 维护燃油喷射系统的注意事项

（1）拆卸和安装燃油系统部件时，操作前应准备好一个灭火器。严禁用水清除溅出的汽油，否则会导致汽油扩散而引起火灾。

（2）测试、拆卸和安装燃油系统部件，应选择通风良好且无任何火源的场所进行操作，并小心不要使汽油泄漏。避免使用电动机、工作灯和其他可能产生火花或高温的电气设备。避免使用铁锤，以免产生火花。

（3）电控燃油喷射系统内存在压力，在维修作业前，应先进行泄压。维护燃油系统时，为避免误操作，应从蓄电池负极端子断开电缆。

（4）使用防火容器单独处理沾有燃油的布。

（5）避免橡胶或皮制零件接触到汽油。

（6）断开燃油管后，用塑料袋包住断开的燃油管连接器和管口，以防其损坏和受到异物污染，如图 4-32 所示。

塑料袋

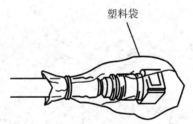

图 4-32　用塑料袋包住断开的燃油管连接器和管口

（7）安装燃油系统管路中的 O 形圈时，应涂抹少量汽油，不要使用发动机机油、齿轮油或制动液。

（8）完成安装燃油管和连接器后，应检查燃油是否泄漏。

2. 外置式燃油滤清器的更换

以通用 LB8 发动机燃油滤清器的更换为例，说明外置式燃油滤清器的更换步骤。

1）释放燃油管路中的燃油压力

（1）断开蓄电池负极接线柱。

（2）打开燃油加注口盖，释放油箱中的压力。

（3）安装油压表到管道上的接头上，注意用棉布擦去泄漏出来的少量燃油，如图 4-33 所示。

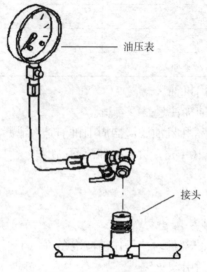

油压表

接头

图 4-33　安装油压表

（4）打开油压表的释放阀，通过排气软管将燃油排出到容器中，释放燃油压力。

（5）拆卸油压表并清洁。

2）拆卸燃油滤清器

（1）升起车辆。

（2）拆卸燃油滤清器和油管的连接接头，将残余的燃油排出到容器中。

（3）拆卸燃油滤清器和装配支架，如图 4-34 所示。

（4）更换燃油滤清器。

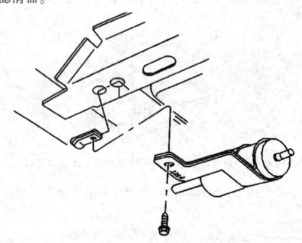

图 4-34　拆卸燃油滤清器和装配支架

3）安装燃油滤清器

（1）安装滤清器和装配支架，扭矩为 20 N·m。

（2）安装燃油滤清器和油管的连接接头。

（3）降下车辆。

（4）安装燃油加注口盖。

（5）连接蓄电池负极连接线缆。

4）检查燃油是否泄漏

接通点火开关 2 s，然后关闭点火开关 10 s，再接通点火开关，检查燃油是否泄漏。

3. 内置式燃油滤清器的更换

以 NISSAN 天籁发动机燃油滤清器的更换为例，说明内置式燃油滤清器的更换步骤。

1）释放燃油压力

（1）拆下位于中央接线盒中的燃油泵保险丝（或断开燃油泵插接器）。

（2）起动发动机。

（3）发动机熄火后，再起动发动机空转两三次，以彻底释放燃油压力。

（4）将点火开关转至 OFF 位置。

（5）维修燃油系统后，重新装上燃油泵保险丝（或安装燃油泵插接器）。

2）拆下燃油滤清器和燃油泵总成

燃油液面传感器单元、燃油滤清器和燃油泵总成一起安装在油箱里，如图 4-35 所示。

（1）检查燃油表上的燃油液面高度。如果燃油表的指示超过图 4-36 所示液面高度（满或将满），排出油箱中的燃油直至燃油表指示的液面高度低于图 4-36 所示的高度。

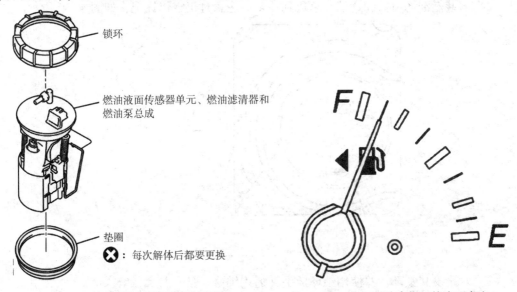

| 图 4-35 燃油滤清器和燃油泵总成 | 图 4-36 燃油表指示的液面高度 |

注意：如果油箱中燃油是满的，在拆卸燃油滤清器和燃油泵总成时燃油会溅出。用直径小于 25 mm 的软管通过加油口插入，从加满油的油箱中排出约 10 L 燃油。

（2）打开燃油加注口盖，释放油箱中的压力。

（3）拆卸后排座椅垫，拆卸检查孔盖，断开线束接头和油管快速接头。

（4）使用油箱锁环扳手（通用维修工具）拆卸锁环，如图 4-37 所示。

（5）拆下燃油液面传感器单元、燃油滤清器和燃油泵总成。

注意：拆卸时请勿弯曲浮臂，不要发生碰撞、跌落；为避免残余的燃油污染车辆内部，将燃油滤清器和燃油泵总成用布包好笔直抽出。

3）解体和更换燃油滤清器

断开线束接头，将燃油液面传感器单元、燃油滤清器和燃油泵总成解体，然后更换燃油滤清器，如图 4-38 所示。

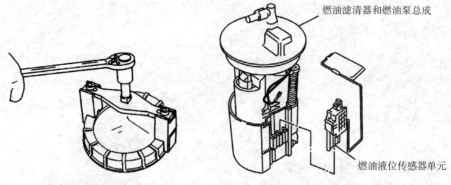

图 4-37　拆卸锁环

图 4-38　解体燃油滤清器

4）安装燃油滤清器和燃油泵总成

按拆卸的相反顺序安装，注意以下事项。

（1）将垫圈安装到油箱时不要扭曲。

（2）安装燃油滤清器和燃油泵总成到油箱，注意对正定位标记，如图 4-39 所示。

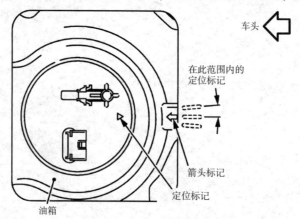

图 4-39　检查定位标记

（3）水平安装锁环，并使用锁环扳手（通用维修工具）拧紧锁环。

（4）安装油管快速接头和插接器，安装检查孔盖。

5）检查燃油是否泄漏

（1）将点火开关转到 ON 位置，然后对燃油管路施加燃油压力检查连接处燃油是否泄漏。

（2）起动发动机并提高转速，确认燃油系统连接处没有燃油泄漏。

四、更换柴油粗滤器

柴油粗滤器安装在油箱油路的下游，将水和微小颗粒从柴油中分离出来，分离出的水会被收集到位于过滤器底部的集水器中。柴油粗滤器的结构如图 4-40 所示。

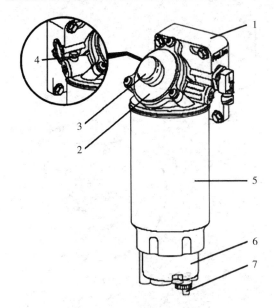

1—安装法兰；2—过滤器盖；3—手动泵；4—放气螺丝；5—过滤器；6—集水器；7—排水螺丝。

图 4-40 柴油粗滤器的结构

1. 从集水器中将水放出

当集水器满了或过滤器已经替换，则需要将收集到的水放出。打开集水器底部的放水塞，把水排净，如图 4-41 所示。

注意：集水器里的水有结冰的可能，应在结冰前将水排出。

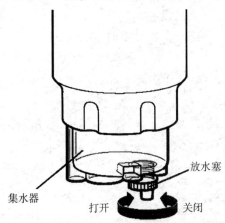

图 4-41 打开集水器底部的放水塞

2. 更换集水器

（1）关闭发动机。

（2）从集水器中排出水。

（3）用手将集水器的螺纹卸下。如果太紧，使用新集水器包装中带有的装卸工具。

（4）用柴油润滑新集水器的密封圈，如图 4-42 所示。

（5）用手安装集水器螺纹，然后拧紧到规定力矩，即 20 N·m。

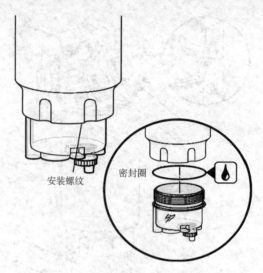

图 4-42　更换集水器

3. 更换粗滤器

（1）关闭发动机。

（2）拆下旧的粗滤器。

（3）如果集水器还可以再用，将集水器取下，安装到新的粗滤器上。

（4）用柴油润滑新的粗滤器封口。

（5）用手拧上滤清器直至封口与接口结合，继续用手拧滤清器直至滤清器牢固安装（大约 3/4 圈）。

（6）排出滤清器中的空气直至没有气泡冒出。

（7）起动发动机，检查泄漏情况，必要时重新拧紧。

4. 燃油系统排气

当过滤器已经被替换或对输油管进行了重装，那么需要进行排气。

1）排放燃油箱和喷油泵（低压侧）之间的空气

（1）卸下放气螺栓，用手动泵给系统排气如图 4-43 所示。

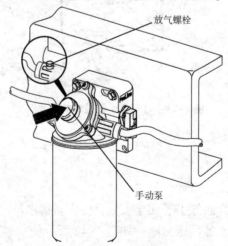

图 4-43　用手动泵给系统排气

（2）按压手动泵直至柴油从放气螺栓中冒出时没有气泡，且阻力增加。

（3）重新上紧放气螺栓。

2）排放喷油泵和喷油嘴（高压侧）之间的空气

如果燃油系统高压侧有零件被更换，或在发动机暖机后仍不能正常地运行，则需要排放喷油泵和喷油嘴（高压侧）之间的空气。

注意：对于电控共轨型柴油机，应按照维修手册使用测试仪实施喷嘴排放空气。不能使用松开燃油管的连接螺帽方式来释放空气。

（1）松开燃油管的连接螺母排气，如图4-44所示。

（2）转动曲轴，迫使燃油从燃油管中流出，并释放空气。

（3）拧紧燃油管的连接螺母。

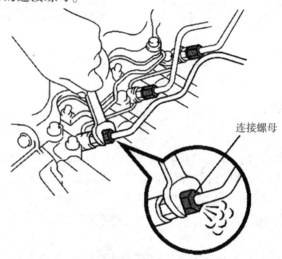

连接螺母

图4-44　松开燃油管的连接螺母排气

五、更换发动机冷却液

以天籁 VQ23DE 发动机为例，说明更换发动机冷却液的步骤。

注意：为了避免烫伤，请勿在发动机温度很高时打开冷却系统，应等待发动机充分冷却下来；小心不要让发动机冷却液溅到取动皮带上，如果冷却液与车身接触，会损伤车身表面油漆，因此，如果冷却液溅出，应立即用清水冲洗。

1. 排出发动机冷却液

（1）用一块布盖住散热器盖，使冷却液不会喷出。旋转45°松开散热器盖，释放散热器内的压力，再将散热器盖旋转45°，将其拆卸。

（2）将冷却液回收罐放在散热器和发动机的排放塞下。

（3）先松开散热器的排放塞排放冷却液，再排放发动机中的冷却液。

2. 清洗和检查

（1）若有需要，可拆卸储液罐排出发动机冷却液，并在重新安装前清洁储液罐。

（2）检查排出的发动机冷却液中有无锈蚀、腐蚀或变色。如果受污染，清洗发动机冷却系统。

3. 重新加注发动机冷却液

（1）安装已拆卸的储液罐，更换 O 形圈并拧紧散热器放水塞到规定扭矩，即 1.2 N·m。

（2）确认每个软管夹都已拧紧。

（3）向散热器和储液罐中加注冷却液到规定液位，如图 4-45 所示。以不高于 2 L/min 的速度加入发动机冷却液，使系统中的空气可以排出。

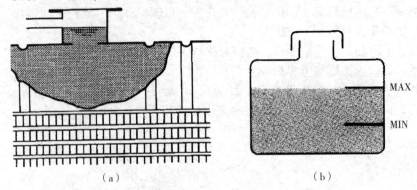

（a）　　　　　　　　　　　　　　　（b）

图 4-45　加注冷却液到规定液位

（a）散热器加注液体；（b）膨胀水箱加注液位

（4）安装散热器盖。

4. 排出冷却系统中的空气

（1）暖机到节温器打开。在发动机转速为 3 000 r/min 的标准预热时间约 10 min，通过触摸散热器下软管是否为热的以便确认节温器是否打开。

注意：查看冷却液温度表以防发动机过热。

（2）关闭发动机使温度降至低于 50℃，检查散热器冷却液位置并加满，加注储液罐中的发动机冷却液到 MAX 位置。

（3）装上散热器盖，重复以上步骤，直至发动机冷却液液位不再下降。

（4）运转发动机检查冷却系统有无泄漏。

六、调整和更换传动皮带

传动皮带用于驱动发动机附件，传动带在工作时施加张紧力。取下传动皮带时，需要放松张紧力，而安装了传动皮带后需要对张紧力进行调节。必须定期检查皮带并调节其张紧力，若张紧力不当，皮带会滑脱或产生异常噪声。

1. 检查皮带张紧力

检查皮带张紧力可以使用手指压传动皮带以检查皮带变形和用皮带张紧力表检查皮带变形两种方法。根据发动机的不同测量位置和调节数值不同，请参考维修手册。

1）压下传动皮带以检查皮带变形

将精密直尺放在发电机和曲轴皮带轮之间的皮带上，用 98 N（10 kgf）的力推压皮带的中心后部，用直尺测量变形量，如图 4-46 所示。

例如，某发动机变形的规定数值，若安装了新的皮带为 7~8.5 mm；若安装了重复使用的皮带则为 11~13 mm。

2）用皮带张紧力表检查皮带变形

用皮带张紧力表夹紧皮带，注意使测量表与皮带垂直，如图 4-47 所示。当把手松开后，卡钩用收缩性弹簧力拉动皮带，弹簧力使指针指示张紧力的大小。可以在任意两个皮带轮之间测量张紧力。

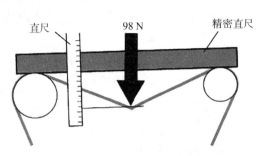

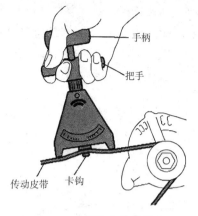

图 4-46　测量皮带变形量　　　　　　图 4-47　测量皮带张紧力

例如，某发动机皮带变形的规定数值，若安装了新的皮带为 539~637 N，若安装了重复使用的皮带则为 245~392 N。

2. 更换传动皮带

根据传动皮带张紧力调节方法的不同，传动皮带更换程序也不相同，主要有四种类型：无惰轮型（无调节螺栓）、无惰轮型（带调节螺栓）、蛇形皮带型、有惰轮型。

1）断开蓄电池负极

更换驱动发电机的传动皮带时，断开蓄电池负极电缆，避免操作过程中造成线路短路。取下蓄电池电缆前对存储在 ECU 等装置上的信息做好记录。

2）无惰轮型（无调节螺栓）传动皮带的更换

对于无惰轮型（无调节螺栓）传动皮带，张紧力的调节通过用杠杆移动发动机附件来实现。

（1）拆卸传动皮带。松开用于调节传动皮带张紧力的发电机的安装螺栓，用手将发电机朝发动机推动，然后拆卸传动皮带，如图 4-48 所示。

注意：通过传动皮带移动发电机将损坏传动皮带。

（2）安装传动皮带。当把发电机安装螺栓松开后，将传动皮带安装到所有的滑轮上。用杠杆移动发电机以调节传动皮带张紧力，然后旋紧螺栓，如图 4-49 所示。

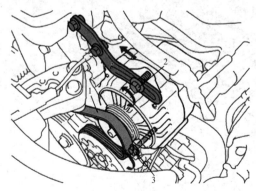

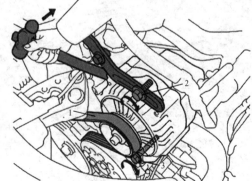

1—传动皮带；2、3—安装螺栓。　　　　1—传动皮带；2、3—安装螺栓。
图 4-48　拆卸传动皮带　　　　　　　图 4-49　安装传动皮带

注意：将杠杆的尖端抵着不易变形且足够牢固的地方，例如，缸盖或缸体。将杠杆

（如锤子的把手等）放在不易导致发电机变形且比发电机中心距离调节托架更近的地方。

（3）检查传动皮带松紧并旋紧螺栓。

3）无惰轮型（带调节螺栓）传动皮带的更换

对于无惰轮型（带调节螺栓），可通过旋转调节螺栓移动发动机附件，从而对皮带施加张紧力。

（1）拆卸传动皮带。松开用于调节传动皮带张紧力的发电机的安装螺栓和固定螺栓；松开调节螺栓，然后向可松开皮带的方向移动发电机，再拆下传动皮带，如图4-50所示。

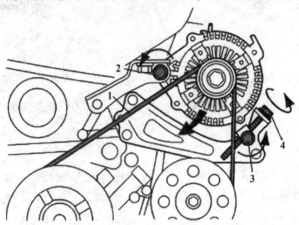

1—传动皮带；2—安装螺栓；3—固定螺栓；4—调节螺栓。

图4-50　拆卸传动皮带

注意：如果在松开固定螺栓前就先松开调节螺栓，调节螺栓会变形。

（2）安装传动皮带。当松开安装螺栓、固定螺栓和调节螺栓后，将传动皮带安装到所有的带轮上；将发电机朝可以拉紧传动皮带的方向移动将其固定住；然后用手尽量旋紧调节螺栓；用工具旋紧调节螺栓，检查皮带张紧力，先旋紧固定螺栓，再旋紧安装螺栓。安装传动皮带如图4-51所示。

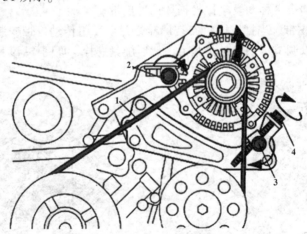

1—传动皮带；2—安装螺栓；3—固定螺栓；4—调节螺栓。

图4-51　安装传动皮带

（3）检查传动皮带松紧并调节。旋紧调节螺栓时传动皮带张紧力增强，旋松调节螺栓时传动皮带张紧力减小。

4) 蛇形皮带型传动皮带的更换

对于蛇形皮带型，通常由自动皮带张紧器对传动皮带施加张紧力，不需要调节传动皮带张紧力。

（1）拆卸传动皮带。用套筒扳手或专用工具安装张紧轮，顺时针方向旋转张紧轮，然后放松传动皮带；拆卸传动皮带，如图4-52所示。

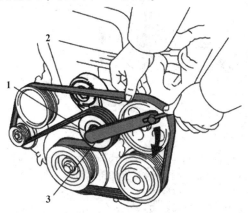

1—张紧轮；2—传动皮带；3—专用工具或套筒扳手。

图4-52 拆卸传动皮带

（2）安装传动皮带。将传动皮带安装在除动力转向泵皮带轮以外的所有皮带轮上；用套筒扳手或专用工具逆时针方向旋转张紧轮，然后将传动皮带安装到动力转向泵皮带轮，如图4-53所示。

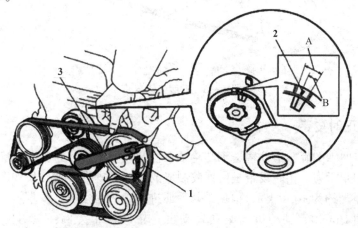

1—张紧轮；2—传动皮带；3—套筒扳手或专用工具；A—新传动皮带指示范围；B—重复使用的传动皮带指示范围。

图4-53 安装传动皮带

（3）检查传动皮带张紧力以确认张紧器指示器标志的位置。

5) 有惰轮型传动皮带的更换

对于有惰轮型传动皮带，惰轮是用于向传动皮带施加张紧力的。

（1）拆卸传动皮带。松开锁止螺母，松开调节螺栓并将传动皮带从惰轮上拆下，如图4-54所示。

（2）安装传动皮带。将传动皮带安装到所有的皮带轮上；旋紧调节螺栓以调节皮带张紧力；旋紧锁止螺母到指定的力矩，如图4-55所示。

旋紧调节螺栓时张紧力增加，旋松调节螺栓时张紧力减小。因为将锁止螺母旋到指定的力矩将增加传动皮带上的张紧力，在锁紧前将张紧力调节到比指定数值稍小。

（3）检查传动皮带张紧力。

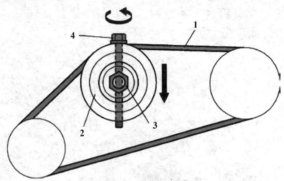

1—传动皮带；2—惰轮；3—锁止螺母；4—调节螺栓。

图 4-54　拆卸传动皮带

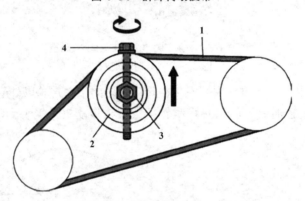

1—传动皮带；2—惰轮；3—锁止螺母；4—调节螺栓。

图 4-55　安装传动皮带

七、更换正时皮带

正时皮带将曲轴的旋转运动输送到凸轮轴以控制气门正时。为保证正确的气门正时保持正确的定位和张紧力。正时皮带是由橡胶制成的，因此皮带会被拉长和磨损。因此，在恰当的维护间隔（约为 10 万 km，根据维修手册进行）内必须更换皮带。

以更换丰田 Hilux 2L 发动机（柴油发动机）正时皮带为例，说明更换正时皮带的步骤。

1. 拆卸相关部件

（1）拆卸散热器。松开散热器的排放塞并排干冷却液，将上、下散热器软管从散热器上断开，拆卸散热器。

（2）拆卸带液力偶合器的风扇。

（3）拆卸传动皮带。

（4）拆卸曲轴皮带轮。用专用工具固定曲轴皮带轮并拆卸曲轴皮带轮定位螺栓，如图4-56 所示。用拉具和活动扳手拆卸曲轴皮带轮，如图 4-57 所示。

（5）拆卸正时皮带护罩。

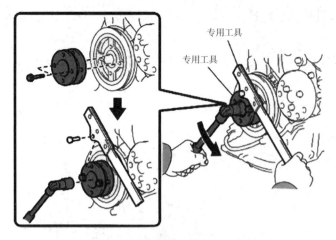

图 4-56 拆卸曲轴皮带轮定位螺栓

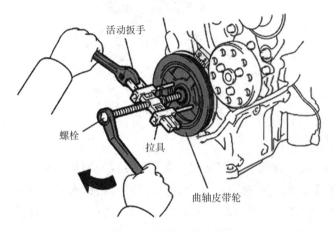

图 4-57 拆卸曲轴皮带轮

2. 拆卸正时皮带

（1）在曲轴上安装曲轴皮带轮螺栓，用扳手顺时针旋转曲轴到 1 缸上止点正时标记，然后将曲轴从上止点逆时针旋转 90°，如图 4-58 所示。

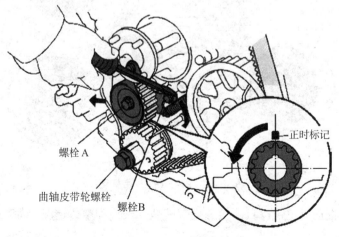

图 4-58 转动曲轴

注意：正时皮带拆卸后旋转凸轮轴会导致气门和活塞干涉，因此必须将活塞置于缸体中部。

（2）松开张紧轮固定螺栓 A 和螺栓 B，将张紧轮推向未安装皮带的方向，并且临时上紧固定螺栓 A。

（3）将正时皮带导向器从曲轴上拆下来（图 4-59），然后将正时皮带从正时带轮上滑落。

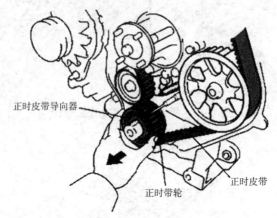

图 4-59　拆卸正时皮带导向器

3. 检查正时皮带

（1）若重新使用正时皮带，做好标记。当重新使用正时皮带时，在正时皮带上用箭头标记表示发动机旋转方向；在正时皮带上与每个正时带轮对齐的地方做配合记号，以便将正时皮带以正确的方向安装。当重新使用正时皮带时，将旋转方向标记与拆卸时所做的配合记号对齐，如图 4-60 所示。

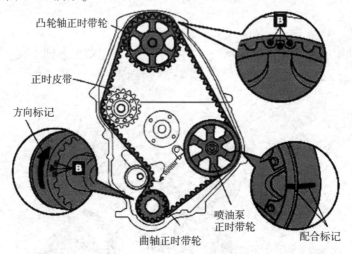

图 4-60　做好正时皮带标记

（2）目视检查正时皮带。目测检查皮带破裂、破损和整体情况，如图 4-61 所示。

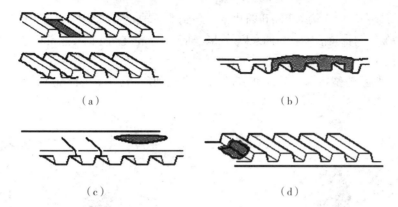

（a）　　　　　　　　　　　　　　　　　　（b）

（c）　　　　　　　　　　　　　　　　　　（d）

图 4-61　检查正时皮带

（a）皮带啮合齿断裂或破损；（b）皮带侧边磨损；（c）皮带表面破裂或磨损；（d）皮带啮合齿磨损

4. 安装正时皮带

（1）将凸轮轴正时带轮和缸盖正时标记对齐，顺时针（发动机工作时的转动方向）旋转曲轴到 1 缸上止点，如图 4-62 所示。

注意：逆时针旋转曲轴会引起气门和活塞干涉。

（2）清洁每一个带轮。

（3）将皮带安装到曲轴正时带轮和张紧轮，如图 4-63 所示。

（4）用专用工具将喷油泵正时带轮和正时标记对齐并固定，然后安装皮带，如图 4-64 所示。

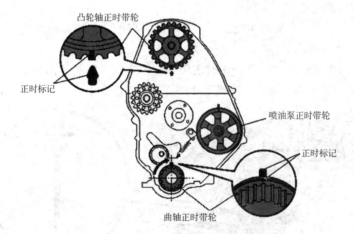

图 4-62　对齐正时标记

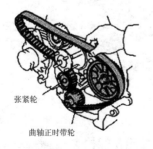

图 4-63　安装正时皮带

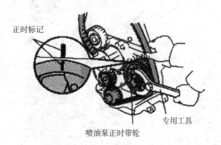

图 4-64　对齐喷油泵正时标记

（5）保持上一步骤的状态下将正时皮带安装到凸轮轴正时带轮上，如图4-65所示。安装正时皮带的时候同时保持曲轴、喷油泵以及凸轮轴正时带轮之间正时皮带的张紧力均匀布置。

（6）将正时皮带安装到其余的带轮上。

（7）松开张紧轮螺栓，然后用张紧轮对皮带施加压力，如图4-66所示。

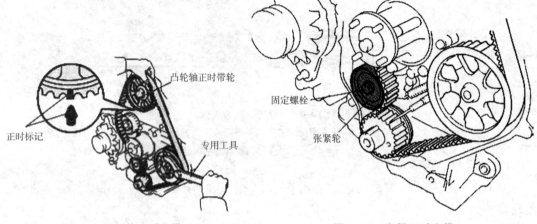

图4-65 安装正时皮带   图4-66 张紧正时皮带

5. 检查气门正时

（1）顺时针旋转曲轴两圈并确保所有的带轮正时标记都返回到其初始位置。

注意：对于柴油机，若正时没有匹配，活塞和气门会干涉，因此曲轴无法转动。在此情况下，切勿强行旋转曲轴。

若旋转两圈后正时标记没有匹配，则正时皮带没有正确安装，必须重新安装正时皮带。

（2）旋紧张紧轮螺栓。

（3）安装正时皮带导向器　检查正时皮带导向器方向并安装到曲轴上，如图4-67所示。若正时皮带导向器向后安装，则正时皮带和正时皮带导向器会干涉，从而导致正时皮带断裂。

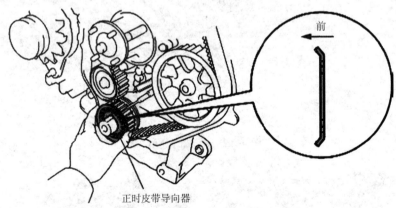

正时皮带导向器

图4-67 安装正时皮带导向器

6. 安装相关部件

（1）安装曲轴皮带轮。

（2）用专用工具固定曲轴皮带轮并旋紧曲轴皮带轮定位螺栓。

（3）安装带液力偶合器的风扇。

（4）安装传动皮带并调整张紧力。

（5）安装散热器并加注冷却液，排出冷却系统空气。

八、调整气门间隙

由于发动机使用中配气机构零件的磨损，导致气门间隙的变化，常在起动或怠速时出现或产生噪声，此时应调整气门间隙。

气门间隙的调整部位取决于配气机构的结构形式，有摇臂的配气机构，其气门间隙通过调节螺钉进行调整；没有摇臂的上置凸轮轴式发动机，其气门间隙通常是通过更换挺柱上的不同厚度的垫片进行调整。

1. 气门间隙的调整方法

气门间隙的调整方法通常可采用逐缸调整法或两次调整法。

1）逐缸调整法

先转动曲轴使第一缸活塞处于压缩行程上止点位置，此时可检查调整该缸进、排气门的间隙。此后每转动720°/气缸数，根据发动机各缸的做功次序，即可使另一个气缸处于压缩行程上止点位置，可检查与调整该缸进、排气门的间隙。

2）两次调整法

这种方法只需转动曲轴两次，即可调整所有气门的间隙。这里介绍一种"双排不进法"，其中"双"是指气缸的进、排气门间隙均可调，"排"是指只能调整排气门间隙，"不"是指气缸的进、排气门间隙均不可调，"进"是指只能调整进气门间隙。将所有的气缸分成两组，下面是几种工作顺序不同的发动机可调气门列表。

（1）四缸发动机（见表4-3）。

表4-3　四缸发动机两次调整法

气缸（按工作顺序）	第1次（一缸在压缩上止点）	气缸（按工作顺序）	第2次（一缸在排气上止点）
1	双	1	不
3	排	2	进
4	不	4	双
2	进	3	排

（2）六缸发动机（见表4-4）。

表4-4　六缸发动机两次调整法

气缸（按工作顺序）	第1次（一缸在压缩上止点）	气缸（按工作顺序）	第2次（一缸在排气上止点）
1	双	1	不
5	排	4	进
3	排	2	进
6	不	6	双
2	进	4	排
4	进	5	排

（3）八缸发动机（见表4-5）。

表4-5　八缸发动机两次调整法

气缸（按工作顺序）	第1次（一缸在压缩上止点）	第2次（一缸在排气上止点）
1	双	不
5	排	进
4		
6		
6	不	双
3	进	排
7		
8		

2. 带摇臂的配气机构气门间隙调整

以本田雅阁汽车 R20A3 发动机为例，说明带摇臂的配气机构气门间隙调整的步骤。该发动机进、排气门的分布如图4-68所示，标准气门间隙如表4-6所示。维修手册要求仅在气缸盖温度低于38℃时调整气门。

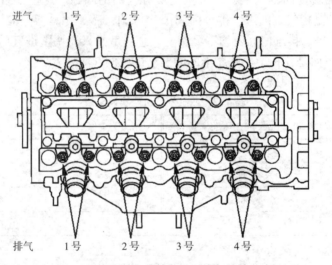

图4-68　R20A3 发动机进、排气门的分布

表4-6　R20A3 发动机标准气门间隙

状态	标准气门间隙/mm（冷态：低于38℃）
进气	0.18～0.22
排气	0.23～0.27

（1）拆下气门室盖。

（2）使1号活塞在上止点位置。凸轮轴链轮上的"UP"标记（A）应在顶部，并且凸轮轴链轮上的上止点凹槽（B）应与气缸盖的上平面边缘对准，如图4-69所示。

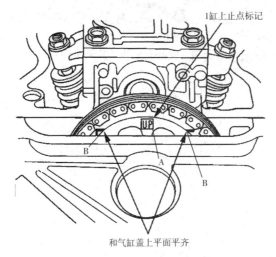

图 4-69　1 号活塞上止点位置

（3）对于进行检查的气门，选择厚度合适的塞尺，将塞尺插入调节螺钉与 1 缸上的气门杆端部之间，并前、后滑动，应该感觉到轻微的拖滞，如图 4-70 所示。

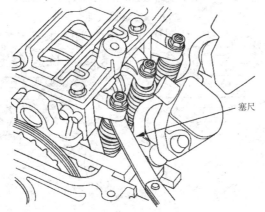

图 4-70　检查气门间隙

（4）如果感觉到拖滞太重或太轻，则松开锁紧螺母并转动调整螺钉，直到塞尺的拖滞感合适，如图 4-71 所示。

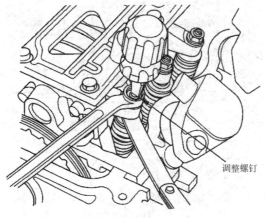

图 4-71　调整气门间隙

（5）紧固锁紧螺母至规定扭矩（14 N·m），并重新检查气门间隙。若有必要，重复调整。

（6）顺时针旋转曲轴180°，将凸轮轴链轮上的3号活塞上止点凹槽标记与气缸盖的上平面边缘对准，如图4-72所示。检查3号气缸上进、排气门的气门间隙，必要时调整。

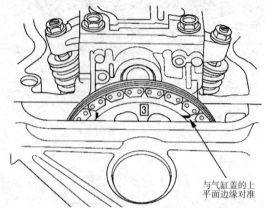

与气缸盖的上
平面边缘对准

图4-72　3号活塞上止点的位置

（7）顺时针旋转曲轴180°，将凸轮轴链轮上的4号活塞上止点凹槽标记与气缸盖的上平面边缘对准，如图4-73所示。检查4号气缸上进、排气门的气门间隙，必要时调整。

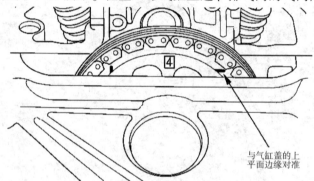

与气缸盖的上
平面边缘对准

图4-73　4号活塞上止点的位置

（8）顺时针旋转曲轴180°，将凸轮轴链轮上的2号活塞上止点凹槽标记与气缸盖的上平面边缘对准，如图4-74所示。检查2号气缸上进、排气门的气门间隙，必要时调整。

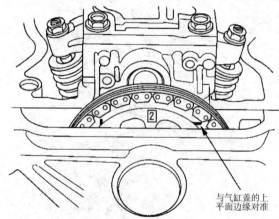

与气缸盖的上
平面边缘对准

图4-74　2号活塞上止点的位置

（9）安装气门室盖。

3. 不带摇臂的配气机构气门间隙的调整

以天籁 VQ23DE 发动机气门间隙的调整为例，说明不带摇臂的配气机构气门间隙的调整步骤。该发动机气缸的布置如图 4-75 所示，标准气门间隙如表 4-7 所示。

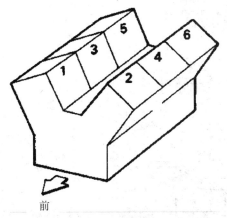

图 4-75　VQ23DE 发动机气缸的布置

表 4-7　VQ23DE 标准气门间隙

状态	气门间隙/mm（in）	
	冷态（大约 20℃）	热态（大约 80℃）
进气	0.26~0.34（0.010~0.013）	0.304~0.416（0.012~0.016）
排气	0.29~0.37（0.011~0.015）	0.308~0.432（0.012~0.017）

1）检查气门间隙

拆卸相关附件，将曲轴位置固定在 1 缸压缩行程上止点位置。

（1）顺时针旋转曲轴皮带轮将正时标记（无色槽沟线）对准正时指示器，如图 4-76 所示。

（2）确认 1 缸（右侧气缸体）上的进气和排气凸轮桃尖的方向，如图 4-77 中箭头所示。否则应将曲轴旋转 360°。

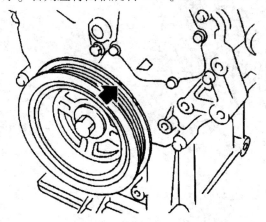

图 4-76　旋转曲轴皮带轮对齐正时标记

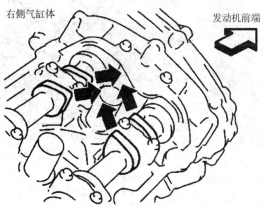

图 4-77　检查 1 缸进气和排气凸轮桃尖的方向

（3）此时 1 缸位于压缩上止点，使用塞尺测量图 4-78 所示标出的气门间隙，测量方法如图 4-79 所示。

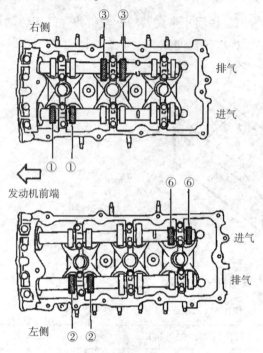

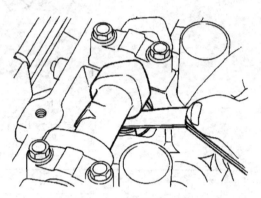

图 4-78　1 缸位于压缩上止点时可以测量
　　　　　气门间隙的气门

图 4-79　测量气门间隙

（4）曲轴皮带轮安装螺栓凸缘每隔 60° 有一条印记线，如图 4-80 所示，可以用作旋转角度指示。顺时针旋转曲轴 240°（从发动机前端看），此时 3 缸位于压缩上止点。

（5）使用塞尺测量图 4-81 所示标出的气门间隙。

（6）顺时针选择曲轴 240°（从发动机前端看），此时 5 缸位于压缩上止点。

（7）使用塞尺测量如图 4-82 所示标出的气门间隙。

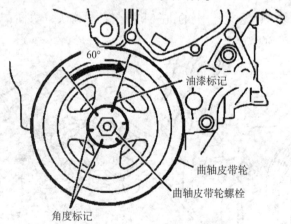

图 4-80　曲轴皮带轮安装螺栓凸缘标记

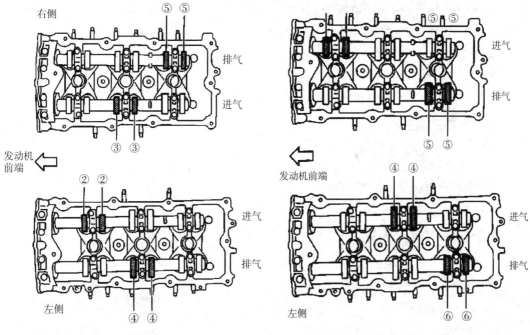

图 4-81　3 缸位于压缩上止点可以测量
气门间隙的气门

图 4-82　5 缸位于压缩上止点时可以测量
气门间隙的气门

（8）如果测量值超出标准范围，请进行调整。

2）调整气门间隙

（1）拆卸凸轮轴，取出需要调整的气门挺柱。

（2）使用千分尺测量拆下的气门挺柱的中间厚度，如图 4-83 所示。

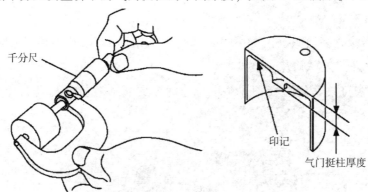

图 4-83　测量气门挺柱的厚度

（3）使用以下等式计算要更换的气门挺柱厚度。

气门挺柱厚度计算：

$$T = T_1 + (C_1 - C_2)$$

式中，T 为要更换的气门挺柱厚度；T_1 为拆下的气门挺柱厚度；C_1 为测量的气门间隙；C_2 为标准气门间隙（冷态下进气：0.30 mm，排气：0.33 mm）。

注意：

（1）新气门挺柱的厚度可以通过相反侧（挺柱内部）的印记识别；

（2）气门挺柱可用厚度范围为 6.66~7.18 mm，每 0.02 mm 为一级，共 27 个尺寸，进气、排气识别字母分别为 "U" 和 "R"；

（3）安装所选气门挺柱；

（4）安装凸轮轴；

（5）手动旋转曲轴皮带轮几圈，检测冷态发动机的气门间隙是否在规定范围内。

九、维护火花塞

1. 拆卸火花塞

使用合适尺寸（如 16 mm、21 mm 等）的火花塞套筒，如图 4-84 所示，拆卸火花塞。

2. 清洁火花塞

清洁使用的压缩空气压力应低于 588 kPa，持续时间不大于 20 s，如图 4-85 所示。

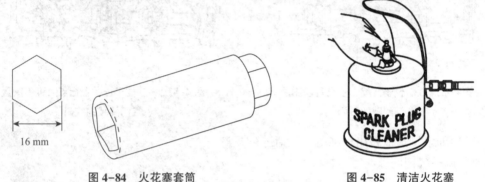

图 4-84　火花塞套筒　　　　　　　　图 4-85　清洁火花塞

注意：清洗时禁止使用钢丝刷，如图 4-86 所示。

3. 检查火花塞螺纹和绝缘体是否损坏

检查火花塞螺纹和绝缘体，如图 4-87 所示，如果不正常，则更换规定型号的火花塞。

4. 检查火花塞电极间隙

使用火花塞间隙规检测发动机火花塞电极间隙是否为规定值（例如，0.8~1.0 mm），如图 4-88 所示。

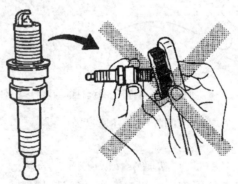

图 4-86　禁止使用钢丝刷清洁火花塞

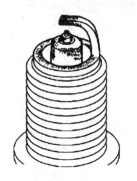

图 4-87　检查火花塞螺纹和绝缘体

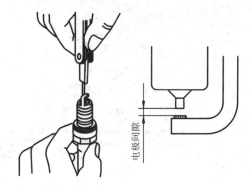

图 4-88　检查火花塞电极间隙

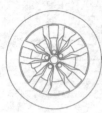

项目五

汽车底盘的拆装与检测

任务一　离合器的拆装与检测

　　汽车离合器应用最多的是摩擦式离合器，摩擦式离合器在汽车行驶的过程中，有较高频率的结合与分离，易造成技术状况的变化，出现打滑、分离不彻底、发抖和异响等故障现象。摩擦式离合器出现的上述故障现象说明，在其使用过程中各组成部分，例如，压盘、从动盘、压紧弹簧、分离机构和操纵机构都有可能出现损伤，需要进行维修才能恢复其技术状况。

一、离合器的维护检查项目

　　离合器的维护检查主要包括检查离合器储液罐液面高度、检查离合器液压操纵机构泄漏、检查离合器踏板、检查离合器工作情况等。

　　1. 检查离合器储液罐液面高度

　　检查主缸储液罐内离合器液（制动液）液面的高度。如图 5-1 所示，如果低于"MIN"的标记，则应补加制动液，并要进一步检查离合器液压操纵机构是否有泄漏的部位。

图 5-1　检查制动液储液罐内油液是否充足

　　2. 检查离合器液压操纵机构泄漏

　　检查离合器液压操纵机构泄漏主要是检查主缸与油管、工作缸与油管及油封等部位是否有离合器液的痕迹。

3. 检查离合器踏板

（1）踩下离合器踏板，检查是否存在下述故障：踏板回弹无力、异响、踏板过度松动或踏板沉重等。

（2）检查离合器踏板高度。离合器踏板高度的检查如图5-2所示，用金属直尺测量地板到离合器踏板上表面的距离。如果超出标准，应调整踏板高度。离合器踏板高度的调整可以通过踏板后的限位螺栓进行。离合器踏板高度（离合器踏板距离地板的高度）一般为143.6~153.6 mm。松开锁紧螺母并转动限位螺栓（图5-3），直至获得正确的离合器踏板高度。再拧紧锁紧螺母（拧紧力矩：16 N·m）。

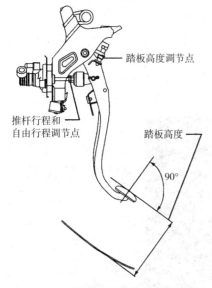

图5-2 离合器踏板高度的检查

图5-3 松开锁紧螺母并转动限位螺栓

（3）检查离合器踏板自由行程。踏板自由行程的检查如图5-4所示，用一个金属直尺抵在驾驶室地板上，先测量踏板完全放松时的高度，再用手轻按踏板，当感到阻力增大时再测量踏板高度，两次测量的高度差即为踏板自由行程。

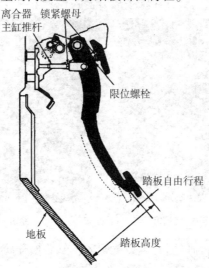

图5-4 踏板自由行程的检查及其调整

踏板自由行程的调整如图5-4所示，液压式操纵机构一般是调整主缸推杆的长度，先将主缸推杆锁紧螺母旋松，再转动主缸推杆，从而调整踏板自由行程。调整后应将锁紧螺母旋紧。有些车辆的操纵机构具有自调装置，如捷达轿车等，可以免除离合器踏板自由行程的调整。

4. 检查离合器工作情况

将车辆可靠驻停，拉起驻车制动手柄。起动发动机，发动机怠速运转，踩下离合器踏板，换到1挡或倒挡，检查是否有噪声、是否换挡平稳。如果有，说明离合器分离不彻底。

5. 离合器油液的添加与液压系统的放气

如果离合器油液接触到任何涂漆表面，请立即进行清洗。如果要对离合器系统进行任何操作或怀疑离合器管路内有空气进入，则对离合器液压系统进行放气。

（1）检查制动液储液罐内油液是否充足，不足应加注。

（2）拆下放气螺塞盖，如图5-5所示。

图5-5　拆下放气螺塞盖

（3）将塑料管连接至放气螺塞，如图5-6所示。

（4）踩下离合器踏板数次，并在踩下离合器踏板时松开放气螺塞，如图5-7所示。

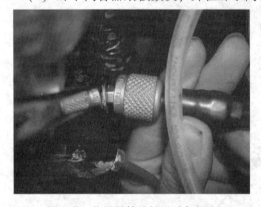

图5-6　将塑料管连接至放气螺塞

图5-7　松开放气螺塞

（5）离合器油液不再外流时，拧紧放气螺塞，然后松开离合器踏板。

（6）重复第（4）、（5）步操作，直至离合器油液中的空气全部放出。

（7）拧紧放气螺塞（拧紧力矩：8.3 N·m）。

（8）安装放气螺塞盖。

（9）检查并确认离合器管路中的空气已全部放出。

（10）检查储液罐中的油液液位，必要时添加。

二、离合器的检测

1. 从动盘的检测

（1）目视检查，看从动盘摩擦片是否有裂纹、铆钉外露、减振器弹簧断裂等情况。如果有，则更换从动盘。

（2）检查从动盘的端面圆跳动。在距从动盘外边缘 2.5 mm 处测量，离合器从动盘的最大端面圆跳动允许误差为 0.4 mm，测量方法如图 5-8 所示。如果不符合要求，可用扳钳校正或更换从动盘。

（3）检查从动盘摩擦片的磨损程度。摩擦片的磨损程度可用游标卡尺进行测量，如图 5-9 所示。铆钉头埋入深度，应不小于 0.20 mm。如果检查结果超过要求，则应更换从动盘。

注意：检查的是铆钉头端面的深度。

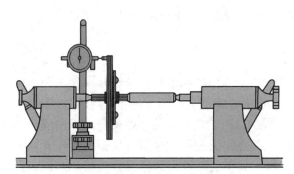

图 5-8 检查从动盘的端面圆跳动

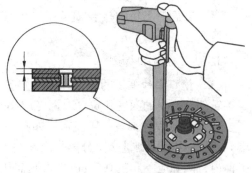

图 5-9 检查从动盘摩擦片的磨损程度

2. 压盘和离合器盖的检测

压盘损伤主要是翘曲、破裂或过度磨损等。

（1）如图 5-10 箭头所示，检查膜片弹簧的末端，允许其磨损不超过原厚度的 1/2。

（2）如图 5-11 箭头所示，检查压盘和盖板之间的连接钢片是否有裂纹，检查铆钉连接是否牢固。

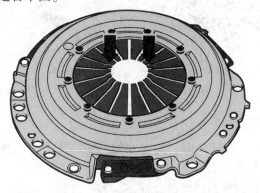

图 5-10 检查膜片弹簧的末端

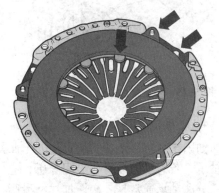

图 5-11 检查压盘总成

（3）检查压盘表面粗糙度。压盘表面不应有明显的沟槽，沟槽深度应小于 0.30 mm。轻微的磨损可用油石修平。

（4）检查压盘平面度。其检查方法如图 5-12 所示，用钢直尺压在压盘上，然后用塞尺测量。离合器压盘平面度应不超过 0.2 mm。

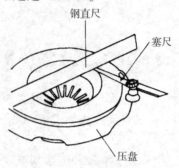

图 5-12 检查压盘平面度

压盘平面度或表面粗糙度超过要求时，可用平面磨床磨平或车床车平，但其厚度都应小于 2 mm。否则应更换压盘。

离合器盖与飞轮的接合面的平面度应小于 0.5 mm。若有翘曲、裂纹、螺纹磨损等，应更换离合器盖。

3. 膜片弹簧的检测

（1）检查膜片弹簧的磨损程度。如图 5-13 所示，用游标卡尺测量膜片弹簧与分离轴承接触部位磨损的深度和宽度。深度应小于 0.6 mm，宽度应小于 5 mm。否则应更换。

（2）检查膜片弹簧是否变形。如图 5-14 所示，用专业工具盖住弹簧分离指内端（小端），然后用塞尺测量弹簧分离指内端与专用工具之间的间隙。弹簧分离指内端应在同一平面内，间隙应不超过 0.5 mm。否则需用维修工具将变形过大的弹簧分离指翘起以进行调整。

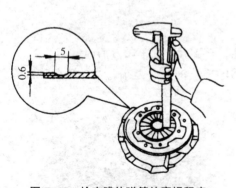

图 5-13 检查膜片弹簧的磨损程度

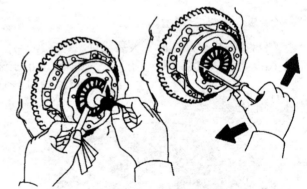

图 5-14 检查膜片弹簧的变形

4. 分离轴承的检测

如图 5-15 所示，用手固定分离轴承内圈，转动外圈，同时在轴向施加压力，检查分离轴承。若有阻滞或有明显间隙感，应更换分离轴承。

分离轴承通常是一次性加注润滑脂，维护时切勿随意拆卸清洗。若有脏污，可用干净抹布擦净表面。

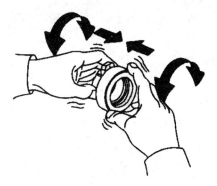

图 5-15　分离轴承的检测

5. 飞轮的检测

（1）进行目视检查。检查齿圈轮齿是否磨损或打齿，检查飞轮端面是否有烧蚀、沟槽、翘曲和裂纹等。如果有，则应修理或更换飞轮。

（2）检查飞轮上轴承。如图 5-16 所示，用手转动轴承，在轴向加力，如果有阻滞或有明显间隙感，则应更换轴承。

（3）检查飞轮端面的圆跳动。如图 5-17 所示，将百分表安装在发动机机体上，百分表表针抵在飞轮的最外圈，转动飞轮，测量飞轮的端面圆跳动，应小于 0.1 mm。如果端面圆跳动超过标准，应修磨或更换飞轮。

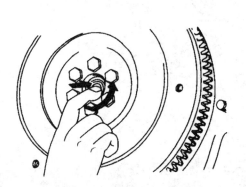

图 5-16　检查飞轮上轴承

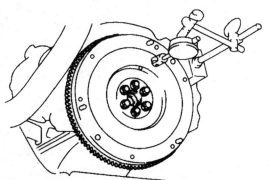

图 5-17　检查飞轮端面的圆跳动

任务二　手动变速器的拆装与检测

正确地拆装手动变速器是手动变速器故障诊断与检修的前提。下面以 2008 款宝来 02T 五挡手动变速器为例的介绍手动变速器的拆装，以了解变速器内部结构，掌握其工作过程，并为其故障诊断与检修打下基础。

一、手动变速器的拆装

1. 拆装注意事项

（1）变速器解体前要进行清洗，避免拆开变速器后，灰尘、异物进入箱体内。

（2）拆装过程中要使用正确的工具，特别是要按照厂家维修手册的要求使用专用工具。

（3）装配前，必须对零件进行认真的清洗，除去污物、毛刺和铁屑等。尤其要注意各润滑油孔的畅通。

（4）装配轴承、齿轮、键槽时，应涂抹齿轮油进行预润滑。

（5）装配密封衬垫时，应在密封衬垫的两侧涂以密封胶，确保密封效果。

（6）装入油封前，需在油封的刃口涂少量润滑脂，要垂直压入，并注意安装方向。

（7）变速器装配时要按规定的力矩拧紧全部螺栓。

2. 变速器操纵机构的拆装

图 5-18 所示为 2008 款宝来轿车五挡手动变速器换挡操纵机构及其壳体的分解。

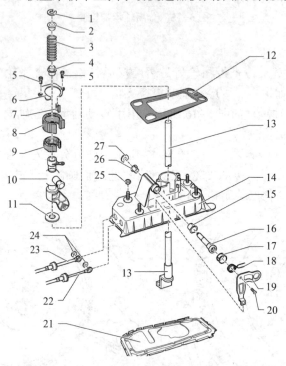

1—防松垫片；2、4—隔套；3—弹簧；5—螺栓；6—盖板；7—缓冲块；8—缓冲套；9—轴瓦；
10—换挡杆导向套；11—减振片；12—密封垫；13—换挡操纵杆；14—换挡机构壳体；15、26—衬套；
16—支撑销；17—导向套筒；18—压力弹簧；19—选挡拉索支架；20—螺栓；21—底板；
22—选挡拉索；23—换挡拉索；24、27—防松垫片；25—六角螺母。

图 5-18　2008 款宝来轿车五挡手动变速器换挡操纵杆及其壳体的分解

1）拆卸和安装选挡拉索和换挡拉索

前提是换挡操纵杆和换挡机构壳体已拆下。拆下换挡机构壳体底板，如图 5-19 所示，将防松垫片从换挡拉索和选挡拉索上拆下。用螺丝刀沿箭头 2 方向抬起凸耳并沿箭头 2 方向顶出防松垫片。将换挡拉索从换挡导向套杆的固定架中取下。从选挡拉索支架上脱开选挡拉索。从换挡机构壳体上拆下弹性挡圈。从换挡机构壳体上，取出换挡拉索和选挡拉索。

2）更换拉索止动机构

如图 5-20 所示，拆卸时将换挡拉索和选挡拉索的锁止机构沿箭头 1 方向拉，然后沿箭头 2 方向转动，使其锁定。将防松垫片 3 从换挡拉索上拆下，并将防松垫片 4 从选挡拉索上拆下。将选挡拉索和换挡拉索从销轴上沿箭头方向拔出。安装时大体以倒序进行。

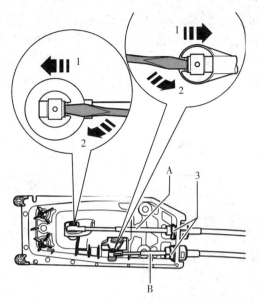

1、2—箭头方向；3—弹性挡圈；A—换挡拉索；B—选挡拉索。

图 5-19 拆卸和安装选挡拉索和换挡拉索

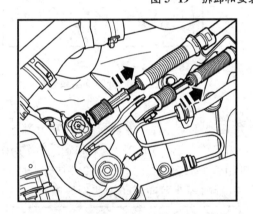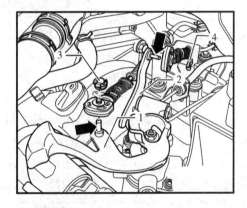

1、2—箭头方向；3、4—防松垫片。

图 5-20 更换拉索止动机构

3）调整换挡操纵机构

换挡杆的正确调整前提条件如下。

（1）换挡操纵装置的操作和传递元件完好无损。

（2）换挡操纵装置活动自如。

（3）变速箱、离合器和离合器操纵装置必须完全正常。

（4）变速箱置于空挡位置。如图 5-21 所示，方法是将换挡拉索和选挡拉索的锁止机构沿箭头方向向前拉，然后沿箭头 2 方向转动，并将其锁定。

4）将变速器从车上拆下

（1）检查所装收音机是否带密码，如果是，应查取收音机密码。断开蓄电池接线，从

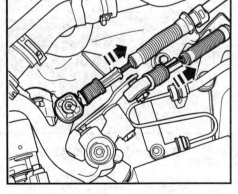

图 5-21 调整换挡操纵机构

发动机上拆下罩盖，拆卸空气滤清器。如图 5-22 所示，从选挡杆 2 上拆下换挡拉索防松垫片 4，从换挡杆 2 上拆下选挡拉索防松垫片 3，将选挡拉索和换挡拉索从销子箭头上脱开。如图 5-23 中箭头所示将拉索支架从变速箱上拆下，然后将换挡拉索和选挡拉索捆在一起，固定在车身上。从支架 B 上拆下管路，拆下分泵，置于一边，并用钢丝固定，勿断开管路。

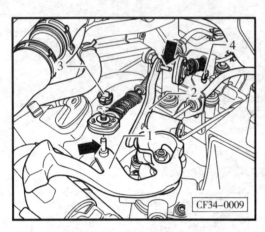

1—选挡杆；2—换挡杆；3—选挡拉索防松垫片；
4—换挡接索防松整片。

图 5-22　拆卸换挡拉索

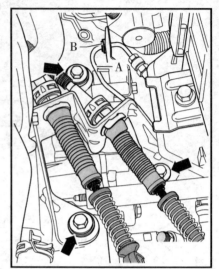

A—管路；B—支架。

图 5-23　拆卸管路和分泵

（2）松开左前侧车轮连接螺栓和传动轴 12 角自锁螺母。拆下发动机/变速箱上部连接螺栓。拆下起动机，如图 5-24 所示安装支架 10-222A、支架 10-222A/1 和辅助挂钩 10-222A/20。通过丝杆略微吊紧发动机和变速箱机组，举升车辆。如图 5-25 中箭头所示，拔下倒车灯插头，拆下转向助力管路支架，拆下右侧内等速万向节防护套隔热罩。

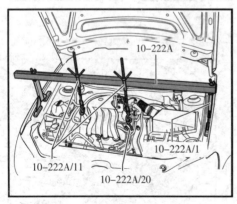

图 5-24　安装支架和辅助挂钩

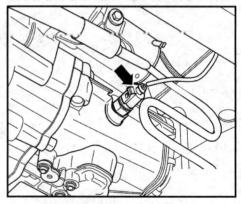

图 5-25　拆卸倒车灯开关

（3）如图 5-26 所示，从法兰轴上脱开左、右侧传动轴，并尽可能将其吊高，操作时切勿损坏表面。如图 5-27 所示，拆下右侧法兰轴下方的发动机连接螺栓，拆下右侧法兰轴飞轮小盖板螺栓。拆下摆动支架。如图 5-28 中箭头所示，降下车辆，拆下变速箱支撑连接螺栓。通过支架 10-222A 的螺杆向下倾斜发动机一段距离。

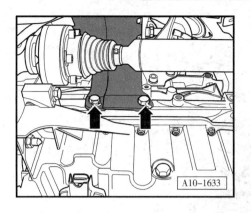

图5-26　脱开左、右侧传动轴

1—小盖板螺栓；2—连接螺栓。

图5-27　拆下摆动支架

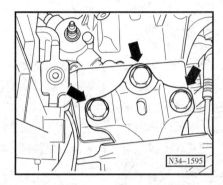

图5-28　拆下变速箱支撑连接螺栓

（4）如图5-29所示，拧下螺栓A和B，拆下变速箱托架。拆下左前车轮和传动轴12角自锁螺母。如图5-30所示，用压具3283将左侧传动轴从轮毂中压出并取下左侧传动轴。拆下油底壳区域内的发动机/变速箱连接螺栓。将发动机和变速箱举升装置V. A. G1383A、变速箱支架3282、02T型变速箱调整板3282/31及支撑件组装在一起。

1—变速箱托架；A、B—螺栓。

图5-29　拆下变速箱托架

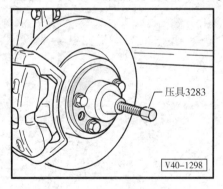

图5-30　取下左侧传动轴

（5）如图5-31所示，按调整孔上的位置支撑变速箱上的A、B、C三个点。拆下如图中箭头发动机变速箱剩余连接螺栓。将变速箱脱离发动机，确保中间板准确置于发动机上。调节支撑架，将变速箱支撑位置A向上升高，略微降低位置B。由另一位机工慢慢向前推发动机，同时按箭头方向旋转变速箱，慢慢降下变速箱。

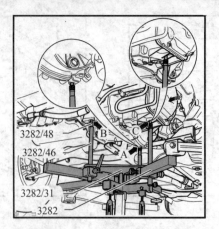

图 5-31　将变速箱从车上拆下来

二、变速器变速传动机构的拆装

变速器变速传动机构包括输入轴、输出轴及其上的齿轮。输入轴和输出轴的分解分别如图 5-32 和图 5-33 所示。安装新齿轮时，请查询相关技术数据，所有轴承、换挡齿轮及同步环安装到输入轴上时，应涂上变速箱油。切勿搞错同步环安装顺序，若无需更换同步环，则应将其装到原换挡齿轮上。安装新齿轮或新输出轴时，请查询相关技术数据，安装所有轴承、换挡齿轮及同步环时应涂变速箱油，同步环不得互换，若无需要更换同步环，则应装在原齿轮上。

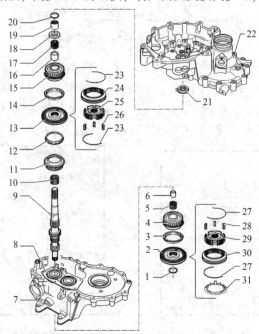

1—弹性挡圈；2—5 挡滑动齿套/同步器齿毂；3—5 挡同步环；4—5 挡换挡齿轮；5、10、17—滚针轴承；
6、16—衬套；7—变速箱壳体；8—轴承座及深沟球轴承座；9—输入轴；11—3 挡换挡齿轮；
12—3 挡同步环；13—3/4 挡滑动齿套/同步器齿毂；14—4 挡同步环；15—4 挡换挡齿轮；18—止推垫圈；
19—滚子轴承内圈；20、23—弹性挡圈；21—滚子轴承；22—离合器壳体；24—3/4 挡滑动齿套；
25—3/4 挡同步器齿毂；26、28—锁块；27—弹簧；29—5 挡同步器齿毂；30—5 挡滑动齿套；31—锁圈。

图 5-32　输入轴的分解

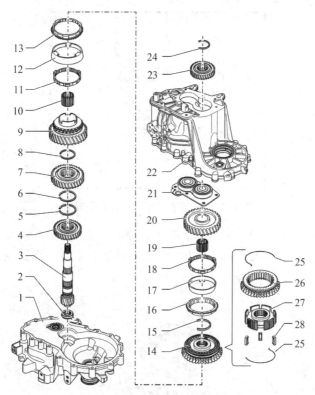

1—离合器壳体；2—滚子轴承；3—输出轴；4—4挡齿轮；5、6、8、24—弹性挡圈；
7—3挡齿轮；9—2挡换挡齿轮；10、19—滚针轴承；11—2挡换挡齿轮内圈；12—2挡齿轮外圈；
13—2挡同步环；14—1/2挡滑动齿套及同步器齿毂；15—弹性挡圈；16—1挡同步环；
17—1挡换挡齿轮外圈；18—1挡换挡齿轮内圈；20—1挡换挡齿轮；21—轴承座/深沟球轴承；
22—变速箱壳体；23—5挡齿轮；25—弹簧；26—滑动齿套；27—同步器齿毂；28—锁块。

图 5-33　输出轴的分解

（1）拉出滚子轴承。如图 5-34 所示，从离合器壳体上拉出滚子轴承，拉出时，在箭头所示位置用钳子 C 夹住滚子轴承的弹性挡圈。

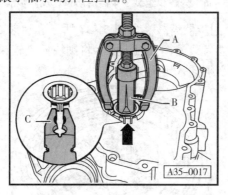

A—固定支撑；B—内拉具；C—钳子。

图 5-34　拉出滚子轴承

（2）将滚子轴承压入离合器壳体。如图 5-35 所示，将滚子轴承压入离合器壳体。用管子 VW 412 直接支在离合器壳体的轴承座下。压入时，在箭头位置用钳子 A 夹住滚子轴承的弹性挡圈。滚子轴承即将就位前松开钳子，弹性挡圈必须进入离合器壳体槽内。

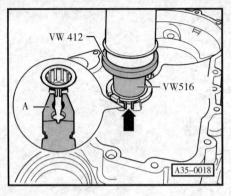

图 5-35　将滚子轴承压入离合器壳体

（3）3/4 挡滑动齿套及同步器齿毂。如图 5-36 所示，分解和组装 3/4 挡滑动齿套及同步器齿毂，将滑动齿套滑套到同步器齿毂上。同步器齿毂上较深锁块的安装槽箭头 A 必须与滑动齿套上的槽箭头 B 对准。

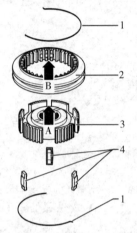

1—弹簧；2—滑动齿套；3—同步器齿毂；4—锁块。

图 5-36　分解和组装 3/4 挡滑动齿套及同步器齿毂

（4）3/4 挡滑动齿套/同步器齿毂。如图 5-37 所示，组装 3/4 挡滑动齿套/同步器齿毂，将滑动齿套推到同步器齿毂上，按箭头所示将锁块插入较深的凹槽内，然后按 120°分配装上弹簧。弹簧弯曲端必须插入锁块凹槽内。

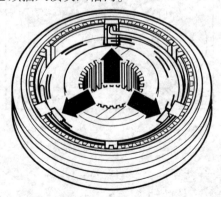

图 5-37　组装 3/4 挡滑动齿套/同步器齿毂

三、手动变速器的检测

下面以 2008 款宝来轿车为例，说明手动变速器有关零部件的检测。

1. 齿轮和轴承检测

所有齿轮和轴承的损坏情况。齿面有轻微斑点，在不影响使用的情况下可以用油石修磨。当齿厚磨损超过 0.2 mm，齿长磨损超过原齿长的 15%，或斑点面积超过齿面 15% 以上，则应更换齿轮（应成对更换）。装好滚针轴承和内座圈后，用百分表检查齿轮与内座圈之间的间隙，如图 5-38 所示。标准间隙为 0.009~0.060 mm，极限为 0.15 mm，超过极限应更换轴承。

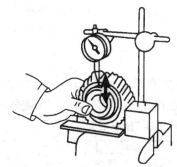

图 5-38　检查齿轮与内座圈之间的间隙

2. 同步器检测

将锁环压向换挡齿轮的锥面，转动锁环时应有阻力，用塞尺测量环齿与轮齿之间的间隙 a，检查同步环磨损状态如图 5-39 所示。同步环间隙 a 的规定值见表 5-1，如果不符合规定，应更换锁环。检查弹簧胀圈是否完好。

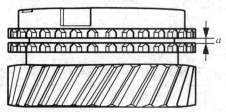

图 5-39　检查同步环磨损状态

表 5-1　同步环间隙 a 的规定值

间隙 a	新件	磨损极限
3、4、5 挡齿轮	1.1~1.7 mm	0.5 mm

3. 变速器壳体检测

变速器壳体若有裂纹、砂眼应更换；变速器轴承孔磨损过大时应予更换；壳体接合面翘曲变形，平面度误差应不大于 0.15 mm，若超过应修复或更换。

4. 拨叉和拨叉轴的检查

（1）检查拨叉是否弯曲或扭曲变形，如图 5-40 所示。如果变形可用敲击法校正，其他问题可更换。

（2）如图 5-41 所示，检查拨叉轴，如果弯曲应校正或更换。

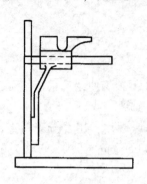

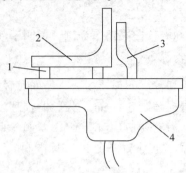

1—垫块；2—角尺；3—拨叉；4—变速器盖。

图 5-40　检查拨叉　　　　　　　　图 5-41　检查拨叉轴

5. 测量弹性挡圈厚度

如图 5-42 所示，确定弹性挡圈厚度，将 2.0 mm 厚的弹性挡圈装入输入轴的槽内，并按箭头方向向上压。用塞尺测定内环与装好的弹性挡圈之间的间隙。拆下测量用弹簧挡圈。查阅表 5-2，确定弹性挡圈厚度与轴向间隙。

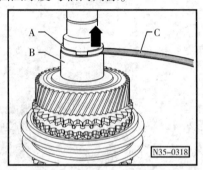

A—弹性挡圈；B—内环；C—塞尺。

图 5-42　测量弹性挡圈厚度

表 5-2　弹性挡圈厚度与轴向间隙

测量值/mm	弹性挡圈厚度/mm	轴向间隙/mm
0.05~0.10	2.0	0.05~0.15
0.15~0.20	2.1	0.05~0.15
0.25~0.30	2.2	0.05~0.15
0.35~0.40	2.3	0.05~0.15
0.45~0.50	2.4	0.05~0.10

任务三　万向传动装置的拆装与检测

万向传动装置在使用过程中，需要进行相关部件的维护，使用一定的里程后，需要对万向传动装置的相关部件进行检修和更换。了解相关部件的拆装和检修的工艺，是正确维修万向传动装置的基础。

一、万向传动装置的维护

1. 刚性十字轴万向节使用中应注意的问题

（1）检查传动轴十字轴轴承及中间支承有无松动，若轴承磨损、配合松动应及时更换。

（2）检查各叉形凸缘螺母的紧固情况；并紧固螺栓或螺母及凸缘连接螺栓。

（3）定期向万向传动装置的轴承加注润滑脂浸润。

2. 球笼式等角速万向节使用中应注意的问题

（1）应经常检查球笼式万向节的防尘罩；因为如果进入灰尘，将会引起万向节磨损失效，发现防尘罩破损应立即更换。

（2）保养中应检查球笼式万向节的钢球和滚道有无磨损、配合松动、卡滞、生锈或损坏。若有应予更换新件。

（3）装配球笼式万向节时，应加注润滑脂，并更换防尘罩。

二、等速万向节的检查与更换

桑塔纳 2 000GSi 轿车传动轴（半轴），如图 5-43 所示；传动轴和万向节的分解，如图 5-44 所示，其中球笼式万向节分为固定型球笼式万向节（简称 RF 节）和伸缩型球笼式万向节（简称 VL 节）。

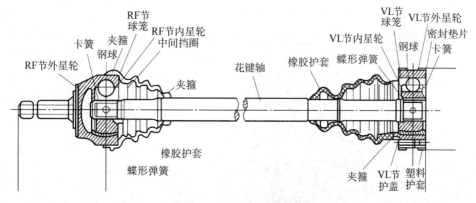

图 5-43　桑塔纳 2 000GSi 轿车传动轴（半轴）

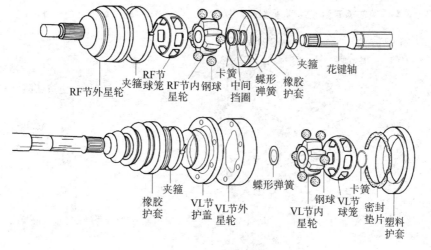

图 5-44　传动轴和万向节的分解

1. 传动轴（半轴）总成的拆卸

（1）在车轮着地时，旋下轮毂的紧固螺母。

（2）旋下传动轴凸缘上的紧固螺栓（图 5-45 中箭头所示），将传动轴与凸缘分开。

（3）从车轮轴承壳内拉出传动轴，或利用 V. A. G1389 压力装置拉出传动轴。

注意：拆卸传动轴时轮毂绝对不能加热，否则会损坏车轮轴承，原则上应先使用拉具。在拆掉传动轴后，应再装上一根连接轴来代替传动轴，防止移动卸掉传动轴的车辆时损坏前轮轴承总成。

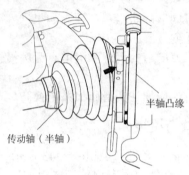

半轴凸缘

传动轴（半轴）

图 5-45　旋下传动轴凸缘上的紧固螺栓

2. 万向节的分解

（1）用钢锯将等速万向联轴器金属环锯开（图 5-46 中箭头处），拆卸防尘罩。

（2）用一把轻金属锤子用力从传动轴上敲下万向节外圈，如图 5-47 所示。

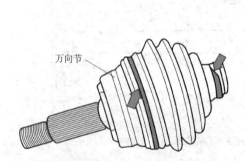

万向节

图 5-46　将等速万向联轴器金属环锯开

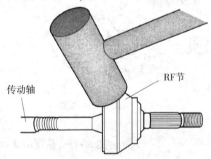

传动轴

RF节

图 5-47　敲下万向节外圈

（3）拆卸弹簧锁环，如图 5-48 所示。

（4）压出万向节内圈，如图 5-49 所示。

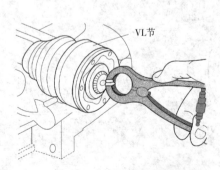

VL节

图 5-48　拆卸弹簧锁环

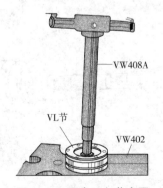

VW408A

VL节

VW402

图 5-49　压出万向节内圈

（5）分解外等速万向节。

①拆散前用电刻笔或油石在钢球、球笼和外星轮上标出内星轮的位置。

②如图5-50（a）所示，旋转内星轮与球笼，依次取出钢球。

③用力转动钢球笼直至两个方孔［图5-50（b）中箭头所示］与外星轮对齐，连同外星轮一起从球笼中拆下。

④如图5-50（c）所示，把内星轮上扇形齿旋入球笼的方孔，然后从球笼中取下内星轮。

（6）分解内等速万向节。

①转动内星轮与球笼，按图5-51（a）中箭头所示方向压出球笼里的钢球。

②内星轮与外星轮一起选配，不能互换。

③从球槽上面［图5-51（b）中箭头所示］取出球笼里的内星轮。

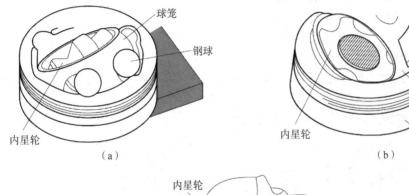

（a）　　　　　　　　　　（b）

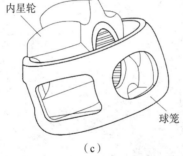

（c）

图 5-50　分解外等速万向节

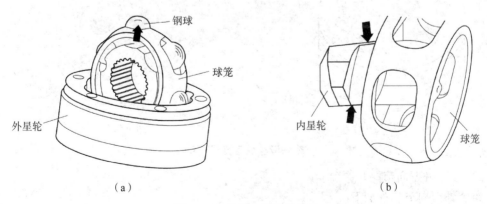

（a）　　　　　　　　　　（b）

图 5-51　分解内等速万向节

3. 万向节的检查

（1）检查外星轮、内星轮、球笼及钢球有无凹陷与磨损。

（2）各球节处的 6 个钢球要求一定的配合公差，并与内星轮一起成为一组配合件。

（3）如果万向节间隙已经明显过大，万向节必须更换。如果万向节呈光滑无损，或能看到钢球在运转，则不必更换万向节。

4. 万向节的组装

1）组装内万向节

组装内万向节的步骤如下。

（1）对准凹槽将内星轮嵌入球笼，内星轮在球笼内的位置无关紧要。

（2）如图 5-52（a）所示，将钢球压入球笼，并注入润滑脂。

（3）将带钢球与球笼的外星轮垂直装入壳体。如图 5-52（b）所示，安装时应注意旋转之后，外星轮上的宽间隔 a 应对准内星轮上的窄间隔 b，转动球笼。嵌入到位，内星轮内径（花键齿）上的倒角必须对准外星轮的大直径端。

（4）扭转内星轮，这样内星轮就能转出球笼 [图 5-52（c）中箭头所示]，使钢球在与壳体中的球槽相配合有足够的间隙。

（5）用力撅压球笼 [图 5-52（d）中箭头所示]，使装有钢球的内星轮完全转入外星轮内。

（6）用手能将内星轮在轴向范围内灵活地来回推动。

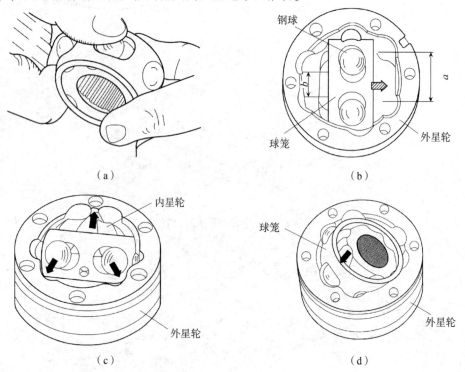

（a）   （b）

（c）   （d）

图 5-52 组装内万向节

2）组装外万向节

组装外万向节步骤如下。

（1）用汽油清洗各部件，将 G-6 润滑脂总量的一半（45 g）注入万向节内。

（2）将球箱连同内星轮一起装入外星轮。

（3）对角交替地压入钢球，必须保持内星轮在球笼以及外星轮内的原先位置。

（4）将弹簧锁环装入内星轮，将剩余的润滑脂压入万向节。

（5）用手将内星轮在轴向范围内来回推动，检查安装是否正确。

5. 万向节与传动轴的组装

（1）如图5-53（a）所示，在传动轴上安装防护罩，正确安装碟形座圈。

（2）将万向节压入传动轴。如图5-35（b）所示，使碟形座圈贴合，内星轮内径（花键齿）上的倒角必须面向传动轴靠肩。其中专用工具40-204是一种支撑套筒。它通常与其他专用工具配合使用，用于压入内等速万向节。

（3）安装弹簧锁环。装上外万向节。

（4）在万向节上安装防尘罩时，防尘罩常受到挤压。因而在防尘罩内部产生的一定真空，它在车辆行驶中会产生一个内吸的折痕［图5-53（c）中箭头所示］。因此在安装防尘罩小口径后，要稍微充点气，使压力平衡，不产生皱褶。

（5）用夹箍夹住防尘罩，如图5-53（d）所示。

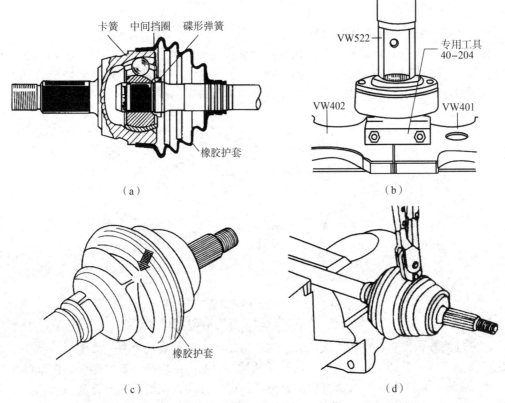

图5-53　万向节与传动轴的组装

6. 传动轴（半轴）总成的安装

（1）如图5-54（a）所示，在等速万向节的花键涂上一圈5 mm的防护剂D6，然后装上传动轴花键套。涂防护剂D6后的传动轴装车后应停车60 min后才可使用汽车。

（2）如图5-54（b）所示，将球销接头重新装配在原位置，并拧紧螺母。在安装球销接头时；不能损坏波纹管护套。

（3）必要时检查前轮外倾角。

（4）车轮着地后，拧紧轮毂固定螺母。

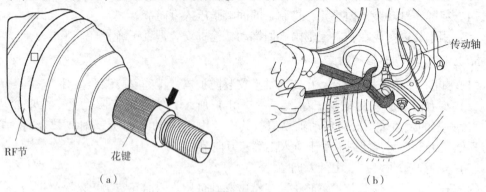

RF节　　　　花键

（a）　　　　　　　　　　　　　（b）

图 5-54　传动轴（半轴）总成的安装

三、传动轴的检测

1. 传动轴的检测

1）传动轴花键套与花键轴的检测

传动轴花键套与花键轴的主要损伤有花键磨损、花键轴头键齿磨损或有横向裂纹。传动轴花键套与花键轴的磨损造成配合间隙增大，其检查方法如图 5-55 所示。配合间隙一般不大于 0.30 mm。若超过规定值，要根据具体情况进行修复。

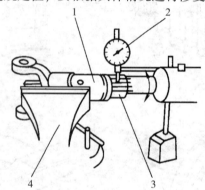

1—花键套；2—百分表；3—花键轴；4—台虎钳

图 5-55　传动轴花键套与花键轴的检查方法

花键轴磨损较严重或键齿有横向裂纹时，可采用局部更换法修复。修复时，首先应在车床上车去焊缝，并加工花键轴、万向节叉及轴管上的焊接坡口（花键轴、万向节的坡口为 45°，轴管的坡口为 60°），做好原配合位置的记号，冲去花键轴头或万向节叉，然后对准旧件的记号，压入新件进行焊接。这里应注意两点，一是压入的新件与轴管是过盈配合，过盈量一般为 0.25~0.50 mm；二是安装伸缩套后，要保证同一传动轴两端的万向节叉轴承孔轴心线位于同一平面内，位置公差要符合原厂规定。并且还要测量传动轴的全长，其长度应符合原厂规定。花键轴磨损也可进行堆焊修复，堆焊后加工出新键齿。此外，还可使用收缩修复法。首先把伸缩套加热至 850℃，用一标准花键轴插入花键套内，在轴套外面压入缩小的压模，压模的内径较轴套外径每次缩小应为 0.50~1 mm。按需要缩小量来决定缩小的次数。压模缩小后进行机械加工和热处理。

2）传动轴弯曲和凹陷的检测

传动轴弯曲的检查可用 V 形架把传动轴两端支起来，如图 5-56 所示，用百分表测传动轴上花键轴及支承轴承结合面的径向跳动量，一般不大于 0.15 mm。并测量在键轴管上的径向跳动量，长度小于 1 m 的传动轴，径向跳动量不大于 0.80 mm；长度大于 1 m 的传动轴，径向跳动量不大于 1 mm。

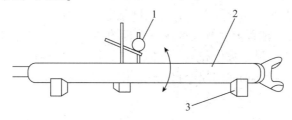

1—百分表；2—传动轴；3—V 形架。

图 5-56　检查传动轴的弯曲度

传动轴弯曲变形 5 mm 以内，可在压床上进行冷压校正。传动轴若弯曲变形 5 mm 以上，应采用加热校直法校正。加热校正时，先把花键轴头和万向节叉切下来（切割时要做记号，装复时应对正），再在轴管内穿上一根比轴管内径略细且较长的钢棒，用支架架起钢棒的两端，然后沿轴管弯曲处加热。当温度达到 600～850℃ 时，再垫上型锤敲击校正。修复后将花键轴头及万向节叉按原记号对正焊好。

3）传动轴万向节叉、突缘叉的检测

万向节叉、突缘叉的主要损伤是平面磨损、螺纹孔损伤、轴承壳座孔磨损、花键槽磨损等。万向节叉平面磨损可用锉削的方法予以修复；轴承盖及螺纹孔损伤可采用扩大螺纹尺寸法修复；轴承座孔与轴承盖外径配合间隙超标，可用反极电弧焊或铜焊堆焊轴承座孔，加工至公称尺寸。若磨损严重，应更换新件。

2. 传动轴中间轴承及支架的检测

检查中间支承的橡胶垫环是否开裂、油封磨损是否严重而失效、轴承是否松动或内孔磨损是否严重，如图 5-57 所示。如果是，则应更换新的中间支承。

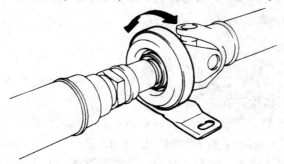

图 5-57　检查中间支承

中间轴承支架若有裂损，应及时焊修；油封盖磨损严重，装上油封后松动，应及时更换；橡胶环老化、腐蚀等，一律更换。

中间轴承的检测。首先对中间轴承进行外观检查，若发现轴承滚珠、滚道及外滚道上有烧蚀、裂纹、刻痕、金属剥落，或发现隔离环圈裂损、螺钉松动等现象，应及时更换。

中间轴承通过外观检查合格后，还要进行空载试验检查和轴承内部磨损间隙的测量。

空载试验检查是把轴承拿在手上，使其进行空转，观察轴承旋转是否灵活，有无噪声、停滞和卡住等现象。

中间轴承径向间隙的测定，如图 5-58 所示，把中间轴承放在平板上，用百分表的触头抵住轴承外座圈，一只手把中间轴承内圈压紧，另一只手往返推动中间轴承外座圈，指针所摆动的数值，即为中间轴承的径向间隙。中间轴承轴向间隙的测定，如图 5-59 所示，把中间轴承的外圈搭在两金属垫块上，并使内圈悬空，在内座圈中放一块平铁板（平铁板的两端要抵住内座圈），把百分表触头抵住平铁板的中央，用手上、下推动中间轴承的内座圈，百分表指针所指的最大数值和最小数值之差，即为中间轴承的轴向间隙。

中间轴承的径向间隙和轴向间隙若超过使用限度，应更换新轴承。

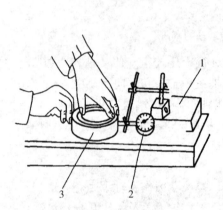

1—检验平板；2—百分表；3—轴承。

图 5-58 中间轴承径向间隙的测定

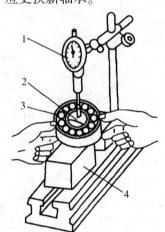

1—百分表；2—平铁板；3—轴承；4—垫铁。

图 5-59 中间轴承轴向间隙的测定

任务四 驱动桥的拆装与检测

驱动桥要定期进行维护，驱动桥经过长时间使用出现问题应根据相应的故障现象对驱动桥的相关部件进行检修。

一、驱动桥维护

驱动桥维护的主要项目有紧固螺栓、润滑和密封。在密封性检查时，发现半轴油封出现漏油应更换油封。具体检查方法如下。

（1）经常检查驱动桥各部分紧固螺栓、螺母是否松动或脱落。

（2）目测变速器与主减速器有无渗漏，检查油液液面（图 5-60），根据需要添加准双曲面齿轮油。定期更换主减速器的润滑油和轮毂的润滑脂。主减速器为准双曲面齿轮，必须按规定加注准双曲面齿轮油，否则将导致准双曲面齿轮的快速磨损。夏季用 28 号准双曲面齿轮油，冬季用 22 号准双曲面齿轮油。润滑脂为锂基润滑脂 2 号。

（3）由于半轴凸缘传递的转矩很大，并且承受冲击负荷，因此必须经常检查半轴螺栓的紧固情况，防止半轴螺栓因松动而断裂。需更换半轴油封时，按以下步骤进行。

①放出变速器内的齿轮油。

②拆下传动轴，拧下半轴固定螺栓，拉出半轴。

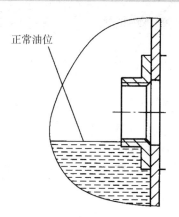

图 5-60 正常油位高度

③重新安好传动轴。

④撬出半轴油封时,在新油封刃口间填充多用途润滑脂,然后用专用工具压入油封。

⑤装入半轴,以 20 N·m 的力矩拧紧其紧固螺栓。

(4)新车行驶 1 500~3 000 km 时,拆下主减速器总成,清洗减速器桥壳内腔,且更换润滑油,以后每年冬、夏各换一次。

(5)汽车行驶 6 000~8 000 km 时,应进行二级维护。维护时应将轮毂拆下,清洗轮毂内腔及轮毂轴承,在轴承内圈滚珠和保持架之间的空隙加满润滑脂,然后装复,按规定调整轮毂轴承。装配时注意检查半轴套管和轴承螺母螺纹是否损坏。如果严重磕碰或配合间隙过大,就必须更换。检查并补充后桥内的润滑油,检查通气塞,使其保持清洁、畅通。

(6)检查等角速万向节防尘罩等有无渗漏和损坏。

二、桑塔纳轿车主减速器及差速器的检测

1)主减速器及差速器的分解

变速器前壳体前置驱动装置的结构,如图 5-61 所示。将从车上拆下的驱动桥总成固定在工作台架上。

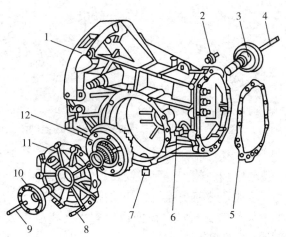

1—变速器前壳体;2—变速器油耗指示开关;3、10—联轴器;4、8、9—六角螺栓;5—密封垫;
6—加油螺塞;7—放油螺塞;11—差速器轴承盖;12—差速器及从动锥齿轮。

图 5-61 前置驱动装置的结构

（1）拆下半轴及差速器轴承盖紧固螺栓，从变速器壳体上取下半轴、主减速器轴承盖及差速器总成。

（2）拆除行星齿轮轴锁销或卡簧，取出行星齿轮轴，转动半轴齿轮取出行星齿轮，拆下半轴齿轮及复合式止推片。

（3）用双臂拉出器从差速器壳上拉出里程表驱动齿轮、差速器轴承，如图5-62、图5-63所示。用内拉出器从变速器罩壳体和差速器轴承盖上向内侧拉出差速器轴承外圈，如图5-64、图5-65所示。取出调整垫片，拆下油封。

（4）拆下从动锥齿轮与差速器壳间连接螺栓，压下从动锥齿轮。

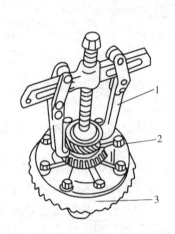

1—双臂拉出器；2—里程表齿轮；3—从动锥齿轮。

图5-62 拉出里程表驱动齿轮

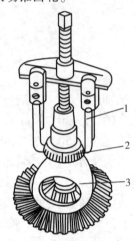

1—双臂拉出器；2—差速器轴承；3—差速器壳。

图5-63 拉出差速器轴承

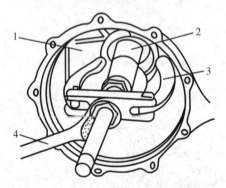

1—变速器罩壳；2—内拉出器；3—支架；4—梅花扳手。

图5-64 从变速器罩壳内拉出差速器轴承外圈

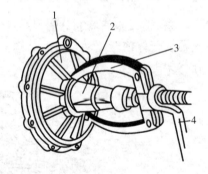

1—双臂拉出器；2—内拉出器；3—支架；4—梅花扳手。

图5-65 从差速器轴承盖内拉出差速器轴承外圈

2）主减速器及差速器主要零件的检测

（1）主减速器主、从动锥齿轮轮齿应无裂纹及明显的剥落现象，齿端缺损不得超过齿长的1/10或齿高的1/5。否则应成对更换主、从动齿轮。

（2）行星齿轮和半轴齿轮应无裂纹，齿面疲劳剥落面积应不大于15%，齿厚磨损量不应大于0.20 mm，否则应及时更换。

（3）行星齿轮轴轴颈与行星齿轮内孔的配合间隙大于0.4 mm，则与差速器壳承孔的配合松动，应及时更换行星齿轮轴。

（4）行星齿轮与差速器壳的间隙为0.15～0.25 mm，半轴齿轮与差速器壳的间隙为

0.20~0.40 mm，若过大应更换球形止推垫片总成。

（5）差速器支承轴承出现疲劳剥落及烧蚀，轴承外圈与壳体配合松动；里程表齿轮及从动锥齿轮磨损严重，均应更换新件。

（6）差速器壳体出现裂纹，差速器壳突缘端面的跳动量大于0.30 mm，轴承磨损、配合松动，均应更换新件。

三、桑塔纳轿车主减速器和差速器的装配与调整

桑塔纳轿车主减速器和差速器的调整，目的是使主、从动齿轮保证正确的啮合印痕及啮合间隙，即保证主、从动齿轮通过专用检测仪器所得出的最佳工作位置。

1）主减速器和差速器的装配

（1）用专用工具将轴承外圈和1.2 mm厚的调整垫片一起压装到变速器前壳体的轴承孔中，将没有调整垫片的轴承外圈压装到差速器轴承盖上相应的承孔中。

（2）用专用工具将半轴油封压入差速器轴承盖的承孔中。

（3）将从动锥齿轮加热到100℃，迅速安装在差速器壳上，并用定心销导向，用专用螺栓以70 N·m的力矩对称紧固好。将圆锥滚子轴承加热到120℃，安装在差速器壳上，并压装到位，如图5-66所示。

（4）先将差速器支承轴承加热到100℃，再用专用工具分别压装到差速器壳两端的支承轴颈上，然后装上车速里程表主动齿轮和锁紧套筒，如图5-67所示。

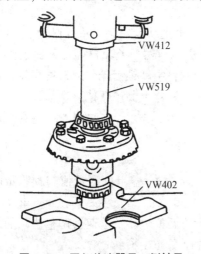
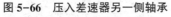

图5-66 压入差速器另一侧轴承

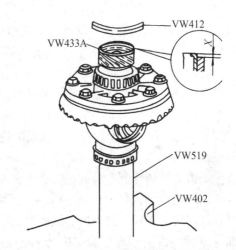

图5-67 安装车速里程表主动齿轮和锁紧套筒

（5）将复合式止推片涂上齿轮油装入差速器壳内。

（6）通过螺纹套和半轴来安装半轴齿轮，安装法兰轴，并用专用螺栓紧固。

（7）将两个行星齿轮错开180°装入差速器壳内，并与半轴齿轮相啮合，并转动半轴，使行星齿轮向内摆动。

（8）对准行星齿轮轴孔、复合式止推垫片、差速器罩壳，推入行星齿轮轴，并用锁销（或锁环）锁止。

（9）用适当的齿轮油润滑差速器轴承，然后将差速器装入变速器壳体内，并将差速器轴承盖用专用螺栓紧固到变速器壳上，将里程表从动齿轮安装到差速器轴承盖上。

（10）拆下变速器后盖和轴承支座，用扭力扳手转动差速器，检查摩擦力矩，新轴承

最小应为 2.5 N·m。

（11）调整从动齿轮。

（12）装上变速器后盖、轴承支座及半轴突缘。拨动内变速杆，检查各挡工作是否平顺。向变速器内注入齿轮油（API-GL-4 或 SAE 80W-90）1.71 L。

2）主减速器和差速器的调整

桑塔纳轿车通过改变主动齿轮调整垫片厚度 S_3 和从动齿轮调整垫片厚度 S_1、S_2 来调整的主、从动齿轮的啮合间隙及轴承预紧度，其调整垫片的位置如图 5-68 所示。

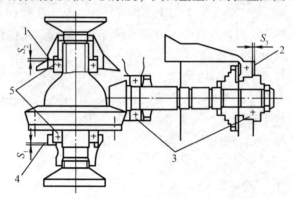

1、2、4—调整垫片；3—主动锥齿轮轴承；5—差速器轴承。

图 5-68　调整垫片的位置

（1）在进行主动齿轮、从动齿轮的调整时，应求出主动齿轮调整垫片厚度 S_3 及差速器调整垫片 1 和 4 的总厚度。当更换变速器壳体、主减速器、差速器壳、差速器滚柱轴承、主动锥齿轮、从动锥齿轮中任何一件时，需重新调整主动锥齿轮、从动锥齿轮，并对调整垫片厚度进行测量与计算，更换新件后应尽可能达到这个测量数值。调整垫片的实际位置与理论位置的偏差为 r，在生产中，有的将 r 标在主动齿轮上，有的未将 r 标在主动齿轮上。调整未标 r 的主动齿轮时，应重新测量 r。

调整垫片的厚度的计算方法如下。

将主动齿轮与垫片都安装好，罩壳上的垫片为 1.2 mm，盖上的测量值与预紧量的和设定为 0.70 mm（即测量值为 0.30 mm，预紧量为 0.40 mm）。安装夹紧套筒。上、下移动夹紧套筒，读出表针的摆差值。据此可求出主动齿轮调整垫片及差速器调整垫片的总厚度，即总厚度＝摆差值+预紧量（0.40 mm）+原垫片厚度（1.20 mm）。

调整垫片的厚度的计算过程如下。

①拆下从动锥齿轮盖，取出调整垫片，将圆锥滚子轴承的外圈和 1.2 mm 的标准垫片一同推入罩壳，直至与挡块相抵靠为止。

②将设有调整垫片的圆锥滚子轴承外圈装在从动锥齿轮盖上；并将设有调整垫片的另一个圆锥滚子轴承外圈推入从动锥齿轮盖上，直至挡块为止。

③将不带转速表齿轮的差速器轴承端压入罩壳内，再装上轴承盖，以 245 N·m 的力矩再次分别拧紧固定螺栓。

④安装 VW521/4（夹紧套筒）和 VW521/8（套筒），如图 5-69 所示。上、下移动夹紧套筒，不要转动，记录下百分表的摆差。

⑤总厚度＝摆差+预紧量（0.40 mm）+标准垫片厚度。若测得摆差值为 0.50 mm，则总厚

度 =（0.50+0.40+1.20）mm = 2.10 mm。

需加垫片的厚度为总厚度-原垫片厚度 =（2.10-1.20）mm = 0.09 mm。

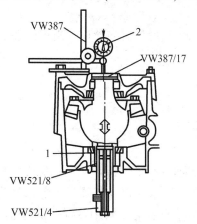

1—1.20 mm 的调整垫片；2—百分表。

图 5-69　测量调整垫片（S_1、S_2）总厚度

（2）调整主动锥齿轮、从动锥齿轮的啮合间隙。

①将主动锥齿轮与垫片 2 都安装好，壳上垫片的厚度为 1.2 mm，盖上测量值加预紧量为 0.40 mm。

②将差速器转动几次，固定锥滚柱轴承，安装百分表。

③用 2 N·m 的力矩，将压紧板两个对角螺钉交叉拧紧，并使压盘与主动齿轮位置垂直，通过压紧板使主动锥齿轮拧紧在变速器壳上。

④将从动锥齿轮转至挡块，百分表调零，转动从动锥齿轮，读出啮合间隙，并记录读数。

⑤拧松差速器上夹紧套筒的螺钉及主动锥齿轮上的压紧板，把从动齿轮转动 90°，再重复测量 3 次，将 4 次测量数值相加后，求得平均啮合间隙值。若测得平均啮合间隙值为 0.46 mm。当平均啮合间隙值超过 0.50 mm 时，主动锥齿轮、从动锥齿轮不能正常工作，应复查装配工作。

⑥确定调整垫片 1 的厚度：S_2 = 垫片厚度-啮合间隙平均值+0.15 mm，即：

S_2 =（1.2-0.46+0.15）mm = 0.89 mm，由表 5-3 知，取 S_2 = 0.90 mm。

表 5-3　调整垫片 1、2、4 的厚度规格尺寸　　　　　　　（单位：mm）

S_1、S_2	0.15	0.20	0.30	0.40	0.50	0.60	0.70	0.80	0.90	1.00	1.20	—
S_3	0.15	0.20	0.25	0.30	0.40	0.50	0.60	0.70	0.80	0.90	1.10	1.20

⑦计算调整垫片的厚度：S_1 = 总厚度-S_2 =（2.10-0.90）mm = 1.20 mm。

⑧按求出的厚度安装垫片 S_1、S_2。按步骤装好，重新进行啮合间隙复查，保证多点啮合间隙必须为 0.10～0.20 mm，测量偏差应小于 0.05 mm。若不符合要求，则重新进行调整。

⑨拆下压板、夹紧套筒 VW521/4、套筒 VW521/8、摆杆、百分表支架 VW387 和百分表。

⑩装上变速器后盖和相应的密封垫片和调整垫片。将里程表从动锥齿轮安装到差速器轴承盖上。

任务五　车桥的拆装与检测

车桥要定期进行维护，车桥经过长时间使用，出现问题应根据相应的故障现象对车桥的相关部件进行检修。

一、转向桥的检测

1. 转向桥的拆卸与装配

1）拆卸

以东风 EQ1092 型汽车转向桥拆卸解体为例，先用三角木掩好后轮，再用卧式千斤顶举升汽车前端，架好保险凳。合理选用拆卸工具，拆下轮胎后进行分解，具体步骤如下。

（1）拆下挡灰盖螺栓，取下挡灰盖及衬垫；剔平止动垫圈，依次拆下锁紧螺母、止动垫圈、锁紧垫圈和调整螺母，拆下前轮。

（2）取下轮毂及轮毂外轴承，装上转向节锁紧螺母，以防碰伤螺纹；拆卸车轮制动器及制动底板总成。

（3）拆下转向节直拉杆球头开口销，拆下锁紧螺母，拆卸横拉杆和纵拉杆及转向节总成；拆卸左转向节上臂和左转向节臂；拆除前钢板弹簧的 U 形螺栓。

（4）用小车将转向桥推出，到专用拆装台上，拆卸主销上、下盖板锁紧螺母，冲出楔形锁销；采用压力机压出主销，若采用锤击法拆卸，应用铜棒抵住主销。

（5）从前轴上取下左转向节、止推轴承及调整垫片，并以相同的方式依次取下右转向节及各部件。

2）装配

转向桥的装配按上述拆卸步骤的相反顺序操作。要求装配前，必须对零部件进行清洗、检验合格；所有橡胶件更换新件；调整垫片应保持平整，厚度不允许任意变动；螺栓、螺母紧固要可靠，开口销齐全完整，止动垫圈锁止固定可靠，球头销润滑可靠，各部分转动灵活，无松动。

2. 转向桥主要零件的检测

1）前轴的检测

前轴在工作中，主要承受钢板弹簧传来的垂直载荷、地面传来的纵向力和侧面水平力，引起弯曲变形、扭曲变形及疲劳裂纹。与钢板弹簧座和主销之间存在挤压和摩擦的作用，引起弹簧座上定位孔和 U 形螺栓孔、钢板弹簧座平面、主销孔及其上、下端面的磨损，影响汽车的前轮定位和行车安全性，并加剧轮胎的磨损。

（1）前轴裂纹的检测。将前轴清洗干净后，用磁力探伤法或浸油敲击法进行检测，出现裂纹时，应更换前轴。

（2）钢板弹簧座的检测。用直尺、塞尺检测，钢板弹簧座平面度的检查如图 5-70 所示。钢板弹簧座平面度误差应不大于 0.40 mm，否则需进行修磨，或刨削、铣削等方法进行加工，但钢板弹簧座的厚度减少量应不大于 2 mm，否则需进行堆焊修复或换用新件。

图 5-70　钢板弹簧座平面度的检查

钢板弹簧座上 U 形螺栓孔及定位销孔的磨损量应不大于 1 mm，否则需进行堆焊修复。

（3）前轴变形的检测与校正。可用前轴检测仪或其他简易方法检测前轴的弯、扭变形。利用前轴检测仪检测，测量结果准确、精度高、快捷方便，但需专用仪器，主要用于生产规模较大的维修企业。对中、小型维修企业，一般用直尺、塞尺、水平仪、试棒、角尺及拉线法等进行测量。

2）两钢板弹簧座之间变形的检测

（1）用直尺、塞尺检测两钢板弹簧座，应在同一平面内，按图 5-71（a）所示进行检测，其平面度误差应不大于 0.80 mm。

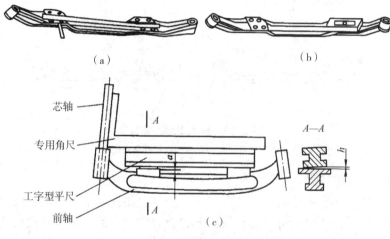

图 5-71　两钢板弹簧座之间变形的检测

（2）用水平仪检测将前轴固定于台钳或专用支架上，利用水平仪将一侧的钢板弹簧座调整成水平。然后把水平仪放于另一弹簧座上进行检测，如图 5-71（b）所示。若水泡不在水平仪中间位置，表明两弹簧座之间存在垂直方向弯曲或扭曲变形。

（3）前轴变形的检测方法也可以采用如图 5-71（c）所示的角尺检验法，通过测量 a、b 值可以判断前轴是否有弯曲和扭转变形。前轴两钢板弹簧座之间存在明显的弯曲或扭曲变形时，应予以校正。

3）钢板弹簧座与主销孔之间变形的检测

（1）角度检测。按图 5-72（a）所示，安放好试棒及角尺（角度与被测车型主销内倾角相同），如果试棒与角尺之间存在某一角度 α，则表明前轴存在垂直方向的弯曲变形。

（2）拉线检测。按图 5-72（b）所示，在前轴主销孔上端中间拉一细线，然后用直尺测量两钢板弹簧座平面与拉线之间的距离，当测得值不符合原厂设计值时，则表明前轴存在垂直方向的弯曲变形。若拉线偏离钢板弹簧座中心（偏离程度应不大于 4 mm），则表明前轴两钢板弹簧座之间存在水平方向的弯曲或扭曲变形。

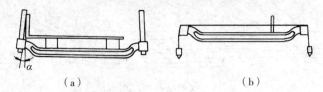

（a） （b）

图 5-72 钢板弹簧座与主销孔之间变形的检测

4）前轴的校正

前轴变形校正必须在钢板弹簧座和定位孔、主销孔磨损修复后进行，以便减少检验、校正的积累误差，提高生产率。一般是采用冷压校正法，前轴弯曲、扭曲变形的校正一般在专用液压校正器上进行，即利用校正器上的液压油缸对前轴的相应部位施加压力或扭力进行校正，前轴变形的类型如图 5-73 所示。

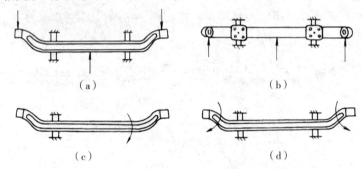

（a） （b）

（c） （d）

图 5-73 前轴变形的类型

（a）垂直方向弯曲；（b）水平方向弯曲；（c）两钢板弹簧座间扭曲；（d）两弹簧座之外扭曲

5）前轴主销孔的检测

主销孔使用后存在磨损，用游标卡尺测量，前轴主销孔与主销的配合间隙轿车应不大于 0.10 mm，载货汽车应不大于 0.20 mm。不符合规定要求的，可按修理尺寸法进行修理（数据可查阅维修手册）。前轴主销孔按修理尺寸加大后，要换用相应尺寸的主销与其配合，以恢复配合间隙，并按同级修理尺寸选配推力轴承和加工转向节主销衬套孔。前轴主销孔磨损超过极限，到达最后一级修理尺寸时，可镶套修复或更换前轴。为保证主销内倾角符合标准，锥削前轴主销孔时，应以两钢板弹簧座为基准。

6）前轴主销孔上、下端面的检测

前轴主销孔上、下端面在使用过程中会发生磨损，其端面磨损沟槽应不大于 0.50 mm，否则需用锪钻修平。前轴主销孔端面修理后，其厚度减少量应不大于 2 mm，否则需堆焊修复或换用新件。

7）转向节的检测

转向节在工作过程中，由于垂直和纵向弯矩的反复作用，将导致承受力矩最大的转向节轴径根部产生疲劳裂纹甚至断裂，转向节内、外轴承轴颈及主销孔产生磨损，转向节轴颈端部的螺纹有时会被破坏，主销孔上下端面也会发生磨损。

（1）转向节裂纹的检测。转向节的油封轴颈处，其断面的急剧变化，应力集中，是典型的危险断面，容易产生疲劳裂纹，造成转向节轴疲劳断裂，引起重大的交通事故。用磁力探伤法或浸油敲击法检测，转向节不得有任何裂纹出现，否则，应换用新件，不许焊修。

（2）转向节轴颈磨损的检测。用内径量表及外径千分尺测量轴颈与轴承的配合间隙，轴颈直径不大于 40 mm 时，轴颈与轴承的配合间隙为 0.040 mm；轴颈直径大于 40 mm 时，轴颈与轴承的配合间隙为 0.055 mm。轴颈磨损过大时，可进行电镀修复或换用新件。

（3）转向节轴端螺纹的检测。用检视法检查，螺纹损伤不多于 2 牙。锁止螺母应只能用扳手拧入，若能用手拧入，则说明螺纹中径磨损、配合松动，应堆焊修复，并重新车制螺纹或更换转向节。

（4）转向节主销孔的检测。用内、外径量具检测，主销衬套内孔磨损超过 0.07 mm 或衬套与主销的配合间隙超过 0.20 mm，应更换衬套；主销直径磨损超过 0.10 mm，应更换主销。更换时，旧衬套应该用冲子冲出或采用专用工具压出，严禁用手锤直接敲击衬套表面。压入新衬套时，必须对正油孔。新套压入后，部分汽车只要在衬套孔内涂抹润滑脂后，即可装配使用，不必进行加工（如东风 EQ1092 型等），部分汽车则需要镗销或铰销衬套后，方可装配使用（如解放 CA1091 型汽车）。转向节主销孔两内端面磨损起槽时，应修磨平整，并使其对主销孔公共轴线的端面全跳动误差符合原设计要求。

（5）锥孔的磨损的检测。与转向节臂等杆件配合的锥孔的磨损，应使用塞规进行检验，其接触面积不得小于 70%，与锥孔配合的锥颈的推力端面沉入锥孔的沉入量不得小于 2 mm。否则应更换转向节。

二、转向驱动桥的检测

1. 转向驱动桥的拆卸

转向驱动桥拆卸时，先用三角木掩好后轮，再用卧式千斤顶举升汽车前端，架好保险凳，合理选用拆卸工具，拆下轮胎后进行分解，具体步骤如下。

（1）松开前轮轮胎螺栓，拆下前轮。

（2）拆下轮毂凸缘、轮毂、制动底板及转向节轴套。

（3）拆下转向节油封座圈及油封等零件。

（4）拆下主销两端的转向节臂、主销下盖及调整垫片，取下止动销及上、下主销。

（5）轻轻敲击，使转向节壳和半轴套管分离，然后从半轴套管中取出半轴。

2. 转向驱动桥主要零件的检测

1）内、外半轴的分解与组装

（1）分解。将已取出的半轴清洗干净，一端用台虎钳夹住，用冲子冲出万向节中心定位销的锁销，如图 5-74 所示。

提起半轴，使外半轴朝下，并轻轻敲击，使中心钢球的定位销落入外半轴的中心孔中。转动中心钢球，使其凹面朝向某一传力钢球，产生间隙，传力钢球松动，从万向节凹槽中取出该传力钢球，并依次取出其他钢球，最后取出定位销。对于球叉式万向节，中心钢球无凹槽、定位销及锁销，拆卸时，扳动内、外半轴，至最大夹角位置，然后取出传力钢球。其结构如图 5-75 所示。

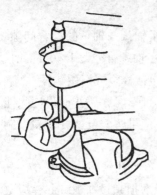

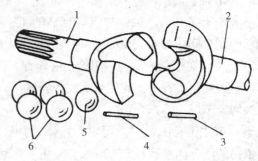

图 5-74 冲出万向节中心   1—外半轴；2—内半轴；3—锁销；4—中心销；5—中心钢球；6—传力钢球。
定位销的锁销   图 5-75 内、外半轴的结构

（2）组装。先将定位销装入外半轴中心孔中。再将中心钢球及 3 个传力钢球依次安放到内、外半轴叉的凹槽中。转动中心钢球，使其凹面朝向未放钢球凹槽，然后，放入最后一个传力钢球。再转动中心钢球，使其中心孔对准半轴中心孔。提起半轴，使定位销滑入中心钢球中心孔中。最后将锁销插入外半轴的锁销孔中，以确保中心钢球的正确位置。

对于球叉式万向节，无定位销，可先在两叉之间放好中心钢球及 3 个传力钢球，然后把内、外半轴扳至最大夹角位置，装入最后一个传力钢球。

2）内、外半轴的检测

用磁力探伤法或浸油法进行检查，半轴应无裂纹。用百分表检测，内、外半轴轴端花键与花键孔的配合间隙，应符合规定要求，否则应更换半轴总成。万向节钢球不得有损伤，同一组钢球直径差不得大于 0.15 mm，否则应更换新件。外半轴与转向节轴套内衬套的配合间隙也应符合规定要求，否则也要更换新件。

3）转向节的检测

用磁力探伤法或浸油敲击法检验，转向节不得有任何裂纹出现，否则应更换新件。用检视法检测，转向节轴外端螺纹损坏应不超过 2 牙，否则，应堆焊修复，并重新车制螺纹；用内径量表及外径千分尺行测量，轮毂外轴与轴颈的配合间隙应不大于 0.040 mm，内轴承与轴颈的配合间隙应不大于 0.055 mm。轴颈磨损过大时，可进行电镀修复或换用新件；转向节主销小端与衬套配合应不大于 0.10 mm，衬套与球关节上承孔的配合不得松动，否则应更换新件。转向节主销大端与转向节壳上承孔配合间隙大于 0.10 mm 或与滚针轴承配合松动时，应更换主销或滚针轴承，也可对承孔进行镶套修复。

3. 转向驱动桥的装配与调整

转向驱动桥各零件检测完毕后，可按以下顺序进行装配和调整。

（1）按内、外半轴组装顺序，组装半轴总成。

（2）在半轴万向节叉两端安放好适当厚度的止推垫圈，要求两侧垫片厚度应相同，然后将半轴总成装入半轴套管中。

（3）将转向节与半轴球关节壳扣合在一起。安装好上、下主销及滚针轴承，安装好止动销、调整垫片、转向节臂及主销下盖，要求转向节上、下垫片厚度差应不大于 0.05 mm。上、下扳动转向节壳应无松动，无卡滞现象，过松或过紧，应调整转向节与上、下盖之间垫片的厚度。垫片厚度减小、预紧力增大，反之预紧力减小。

（4）更换并紧固转向节油封、油封座圈等零件。

（5）安装转向节轴套、制动底板总成。

（6）安装轮毂，并调好轮毂轴承预紧度。

（7）紧固轮毂凸缘，并对各滑脂嘴加注润滑脂。

（8）安装前轮轮胎，按规定扭矩拧紧螺栓。扳动轮胎，转动自如，无松动和卡滞。

任务六 机械转向系统的检查与调整

机械转向系统中由于维护调整不当、磨损、碰撞变形等原因，会使转向器过紧、转向传动机构和转向操纵机构松动、变形、卡滞等，从而造成转向沉重、行驶跑偏、单边转向不足、低速摆头、高速摆头等故障。

1. 转向器

转向器的检查、调整主要包括轴承预紧度和转向器传动副配合间隙的检查和调整。如果在驾驶员的使用过程中，或在汽车转向系的维护过程中，发现转向盘转动阻力过大、过小，或转向盘自由行程过大、过小，则都需要检查转向器的轴承预紧度和转向器传动副配合间隙。

1）齿轮齿条式转向器

齿轮齿条啮合间隙的调整方法是先旋转盖上的调整螺塞，使弹簧座与导块接触，再将调整螺塞旋出 30°~60°后，检查转向齿轮的转动力矩，如此重复操作，直至转向齿轮的转动力矩符合原厂规定，最后紧固锁紧螺母。

2）循环球式转向器

（1）轴承预紧度的调整。转向螺杆通过两个推力球轴承支承在转向器壳体上，两个轴承的内座圈分别支承在转向螺杆的轴肩上，其轴向距离不能改变；而轴承的外座圈分别支承在转向器壳体和轴承盖上，通过调整螺母的松紧来调整轴承预紧度的。

（2）齿条、齿扇啮合间隙的调整。转向螺母下平面上加工出的齿条是倾斜的，与其相啮合的是变齿厚齿扇。所以使齿扇轴相对于齿条作轴向移动，便可调整二者的啮合间隙。

3）蜗杆曲柄指销式转向器

（1）轴承预紧度的调整。蜗杆曲柄指销式转向器需要调整轴承预紧度的地方有两个，即转向蜗杆的支承轴承和转向指销的支承轴承。

转向蜗杆通过两个向心推力球轴承支承在转向器壳体上，其轴承预紧度可以通过转向器下盖上的调整螺塞进行调整。顺时针旋入调整螺塞，则轴承预紧度变大；反之亦然。调整后用螺母紧固。

转向指销通过双列圆锥滚子轴承支承在曲柄上，可以通过销颈上的螺母用来调整轴承的预紧度，使转向指销能自由转动且轴向推动无间隙，调整后用锁片将螺母锁住。

（2）转向指销、转向蜗杆啮合间隙的调整。转向器侧盖上装有调整螺钉，旋入或旋出调整螺钉可以改变摇臂轴的轴向位置，以调整指销与蜗杆的啮合间隙，从而调整转向盘自由行程，调整后用螺母锁紧。

2. 转向操纵机构

1）转向盘的检查

用双手握住转向盘，在轴向和径向方向上用力摇动，观察此时转向盘是否移位。由此了解转向盘与转向轴的安装情况，轴承是否松动等。

转向盘大螺母应紧固，支承轴承完好无松动，柱管装置稳固、支架无断裂、螺栓紧固；转向传动轴万向节应不松动，滑动叉扭转间隙应不大于 0.030 mm，结合长度应不少于 60 mm，各横销螺栓紧固，弹簧垫完好，防尘套完好无损。

2）转向盘转动阻力的检查

转向盘转动阻力一般用弹簧秤拉动转向盘边缘进行测量，如图 5-76 所示。

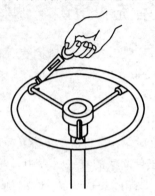

图 5-76　转向盘转动阻力的检查

3）转向盘自由行程的检查

汽车每行驶 12 000 km，应检查转向盘的自由行程。检查方法如下。

（1）在配备动力转向系统的车辆上，起动发动机；机械转向系统则无需起动发动机。

（2）将转向轮转到直线行驶的位置。

（3）轻轻移动转向盘，在转向轮要开始移动时（或感觉到阻力时），使用直尺测量转向盘外缘的移动量。一般为 10~15 mm。

（4）如果不符合要求，应检查转向器间隙、转向球头销的调整等。

4）转向盘锁止功能的检查

（1）将点火开关转至"LOCK"位置，轻轻转动转向盘，此时转向盘应该锁止不能转动。

（2）将点火开关转至"ACC"位置，转向盘应能自由转动。

3. 转向传动机构

1）转向摇臂的检查

（1）用磁力探伤法检查转向摇臂是否有裂纹，若有裂纹应更换。

（2）检查转向摇臂上端的锯齿花键是否有磨损、损坏，若有应更换。

（3）检查转向摇臂的锁紧螺母，其螺纹不应有损伤，否则应更换。

（4）检查转向摇臂下端和转向拉杆球头销的连接应牢固、可靠，且不可松动，否则应修复。

2）转向横拉杆和直拉杆的检查

（1）转向横拉杆杆体有无裂纹、弯曲，其直线度误差一般应小于 2 mm，否则应校直；转向直拉杆 8 字孔磨损不超过 2 mm。

（2）各螺纹部位不应有损坏，与螺塞配合不松动，否则应更换。

（3）球头销、球座体及钢碗无裂纹、不起槽；球头销颈部磨损不超过 1 mm，球面磨损失圆小于 0.50 mm，螺纹完好；弹簧不应有弹力减弱或折断。

（4）防尘装置应齐全有效。

3）转向节臂和梯形臂的检查

（1）转向节臂和梯形臂是否有裂纹，若有应更换。

（2）检查两端部的固定与连接部位不应有松动，其连接应牢固、可靠。

4）转向减振器的检查（以桑塔纳轿车为例）

（1）检查漏油状况（其容量为 86 mL）。若渗漏严重，应更换或分解修理，更换密封圈等零件。

（2）查看支承是否开裂，若有应更换。

（3）检查减振器的工作行程，必须拆下来试验。$L_{max} = 556$ mm，$L_{min} = 344.5$ mm，最大阻尼载荷为 560 N，最小阻尼载荷为 180 N。

任务七　制动系统的检查与调整

制动系统的检修包括制动踏板的检查与调整，真空助力器的检查，制动主缸与制动轮缸的检查，制动管路的检查，制动液的更换和制动系统放气等

一、制动踏板的检查与调整

制动踏板的分解如图 5-77 所示。

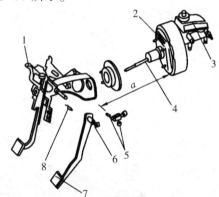

1—踏板轴承支架；2—带制动主缸的助力器；3—储液罐；4—制动主缸推力杆；
5—销子和锁片；6—支承轴套；7—制动踏板；8—复位弹簧。

图 5-77　制动踏板的分解

1）制动踏板状况

通过踩下制动踏板检查：

（1）踏板反应的灵敏度；

（2）踏板是否能完全踩下；

（3）是否有异响；

（4）是否过度松动。

2）制动踏板自由行程的调整

检查制动踏板自由行程时，用手轻轻压下制动踏板，直到手感明显变重时，测出这段行程，其值应不大于 45 mm。如果不符合规定，可松开制动主缸助力器上推力杆上的螺母，通过旋动叉头来调整推力杆长度，从而完成制动踏板自由行程的调整，且保证制动踏

板有效行程为 135 mm，总行程不小于 180 mm，制动踏板的转轴与制动踏板中心之间的距离为 275 mm。图 5-78 所示为制动踏板自由行程的调整。注意制动器踏板的行程大小应不受附加的地毯厚度影响。

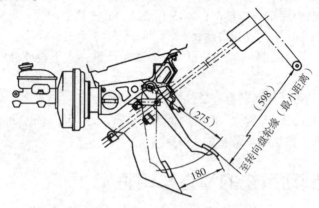

图 5-78　制动踏板的自由行程的调整

3）调整制动推力杆

如果更换新的制动主缸助力器总成，那么必须调整制动推力杆，旋动制动主缸助力器推力杆上的叉头，使叉头调整尺寸达到 $a = 220$ mm。先紧固防松螺母，再装上制动主缸的安装罩壳，螺母紧固力矩为 20 N·m。

注意：所有的固定位置在安装前都要涂上白色的固体润滑剂。

二、真空助力器的检查

1. 真空助力器的检查

（1）真空助力器工作情况的检查。如图 5-79 所示，起动发动机，怠速运转 1~2 min 后熄火。踩下制动踏板数次，检查制动踏板是否升高。踩下制动踏板后，起动发动机，检查制动踏板是否下沉。若为否，则说明真空助力器工作不良，应检查真空管路或更换真空助力器。

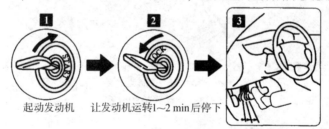

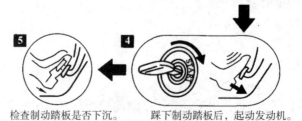

图 5-79　真空助力器工作情况的检查

（2）真空助力器的真空检查。如图 5-80 所示，起动发动机，踩下制动踏板并保持30 s 后使发动机熄火检查制动踏板高度是否不变。若制动踏板高度发生变化，则说明真空助力器有真空泄漏。

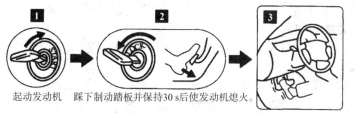

起动发动机　踩下制动踏板并保持30 s后使发动机熄火。

检查制动踏板高度是否不变。

图 5-80　真空助力器的真空检查

2. 真空助力器的试验

1）就车检查

真空助力器将发动机熄火，先用力踩几次制动踏板，以消除真空助力器中残余的真空度，再用适当的力踩住制动踏板，并保持在一定位置，然后起动发动机，使真空系统重新建立起真空，并观察制动踏板，就车检查真空助力器如图 5-81 所示。若踏板位置有所下降，则说明真空助力器正常；若踏板位置保持不动，则说明助力器或真空单向阀损坏。

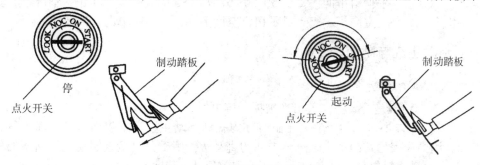

图 5-81　就车检查真空助力器

2）真空助力器的就车真空试验

（1）将真空表、进气歧管及卡紧工具等按图 5-82 所示连接好。

（2）起动发动机，怠速运转 1 min。

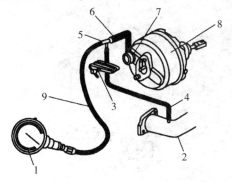

1—真空表；2—进气歧管；3—卡紧工具；4、6、9—软管；5—三通接头；
7—单向阀；8—真空助力器。

图 5-82　真空助力器的就车真空试验

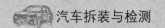

（3）卡紧与进气歧管相连的软管上的卡紧工具，切断助力器单向阀与进气歧管之间的通路。

（4）将发动机熄火，观察真空表的变化。如果在规定时间内真空度下降过多（BJ2020规定在15 s内真空度下降不大于3 386.35 Pa），说明助力器膜片或真空阀损坏。

3）真空助力器的单向阀试验

如图5-83所示，拆下与真空助力器单向阀相连的真空管，将手动真空泵软管与单向阀真空源接口相连。

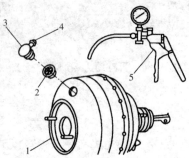

1—真空表；2—单向阀密封圈；3—真空助力器单向阀；4—单向阀真空源接口；5—手动真空泵。

图5-83　真空助力器的单向阀试验

扳动手动真空泵手柄给单向阀提供50.80~67.70 kPa的真空度。在正常情况下，真空度应保持稳定。如果真空泵指示表上显示出真空度下降，则表明单向阀损坏。

三、制动主缸与制动轮缸的检查

1. 制动主缸的检查

（1）检查储液罐是否破损。若出现破损，应更换。

（2）如图5-84所示，检查制动主缸缸体内孔和制动主缸活塞表面，其表面不得有划伤和腐蚀。用内径表检查制动主缸缸体内孔的直径 B，用千分尺检查制动主缸活塞的外径 C，并计算出制动主缸缸体内孔与活塞之间的间隙值 A。其标准值为0.0~0.106 mm，使用极限为0.15 mm。若超过极限，应更换。

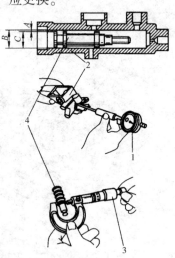

1—内径表；2—制动主缸缸体；3—千分尺；4—制动主缸活塞。

图5-84　制动主缸与活塞的检查

（3）检查制动主缸的皮碗、密封圈是否老化、损坏与磨损。若有，应更换。

2. 制动轮缸的检测

制动轮缸分解后，用清洗液清洗轮缸零件。清洗后，检查制动轮缸缸体内孔与制动轮缸活塞外圆表面的烧蚀、刮伤和磨损情况。如果制动轮缸缸体内孔有轻微刮伤或腐蚀，可用细砂布磨光。磨光后的制动轮缸缸体内孔应用清洗液清洗，再用无润滑油的压缩空气吹干。然后，测出制动轮缸缸体内孔的直径 B、制动轮缸活塞外圆直径 C，并计算出制动轮缸缸体内孔与活塞的间隙值 A，如图 5-85 所示。其标准值为 0.04~0.106 mm，使用极限为 0.15 mm。

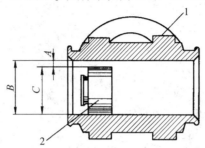

1—制动轮缸缸体；2—制动轮缸活塞。

图 5-85　制动轮缸缸体与活塞的检查

四、制动管路的检查

1. 制动液渗漏检查

升起车辆，检查制动管路是否有制动液渗漏的部位（应重点检查管接头部位）。

2. 制动管路损坏检查

（1）升起车辆，检查制动管路是否有凹痕或其他损坏。

（2）检查制动软管是否扭曲、磨损、开裂、隆起等。

3. 制动管路安装

将转向盘左、右转到极限位置，检查制动管路和制动软管是否会与车轮或车身接触。

五、制动液的更换和制动系统放气

1. 制动液的更换

以桑塔纳 2000 系列汽车为例，更换制动液时，应使用原产的 VW/Audi 制动液（符合美国标准 FMVSS116DOT 标准），或使用大众公司规定的制动液，型号为 N052 760 XO。每隔两年应更换一次制动液，如果不到两年，但汽车行驶已超过 50 000 km 时，也应更换制动液。

制动液具有毒性和强腐蚀性，不可与油漆接触；制动液具有吸湿性，即它能吸收周围空气中的水分，因此要将其要存放在密封的容器里。

制动液储液罐位于发动机罩内制动主缸上方，制动液储液罐表面刻有"Max"和"Min"的标记，应注意检查液面的高度。正常工作时，液面应始终保持在"Max"和"Min"标记之间。汽车制动摩擦片磨损而自动调节，引起制动液液面略有下降是正常现象。若短时间内出现制动液液面显著下降或低于"Min"标记，则可能是制动系统有渗漏故障，应立即检查，故障排除后才可使用。桑塔纳 2000 系列汽车配有制动液面过低报警信号灯，一旦储液罐内液面过低，便自动报警，提醒驾驶员注意。

2. 制动系统排气

液压制动系统中渗入空气，制动时系统中的空气被压缩，会造成踏板行程增加，踏板发软，影响制动效果。在维修过程中，由于拆检液压制动系统、接头松动或制动液不足等原因造成空气进入管路时，应及时将系统中的空气排出。

下面以桑塔纳轿车制动系统的排气为例进行介绍。该车制动系统的排气应使用 VW/238/1 型制动系统加油-排气装置。排气的方法和步骤如下。

（1）接通 VW/238/1 型制动系统加油-排气装置。

（2）按规定顺序打开放气螺钉。

（3）排出制动钳和制动轮缸中的气体。

（4）用专用排液瓶盛放排出的制动液。排气的顺序为右后轮→左后轮→右前轮→左前轮。

若没有专用的加油-排气装置，可用以下通用方法进行排气。

（1）起动发动机，使其怠速运转。

（2）将软管一头接在放气螺塞上，另一头插在一个盛有部分制动液的容器中，液压制动系统排气的通用方法如图 5-86 所示。

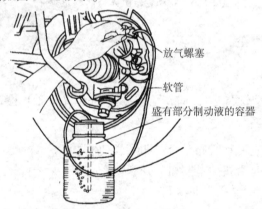

图 5-86　液压制动系统排气的通用方法

（3）一人坐于驾驶室内，连续踩下制动踏板，直到踩不下去为止，并且保持不动，液压制动系统的人工排气如图 5-87 所示。

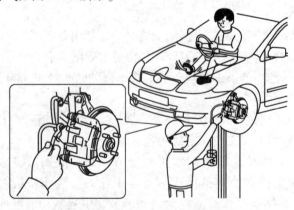

图 5-87　液压制动系统的人工排气

（4）另一人将放气螺塞拧松一下，此时，制动液连同空气一起从胶管喷入瓶中，然后，尽快将放气螺塞拧紧。

（5）在排出制动液的同时，踏板高度会逐渐降低。在未拧紧放气螺塞前，切不可将踏板抬起，以免空气再次进入。

（6）每个轮缸应反复放气几次，直至将空气完全放出（制动液中无气泡）为止。按照右后轮→左后轮→右前轮→左前轮的顺序逐个完成排气。

（7）在放气过程中，应及时向储液罐内添加制动液，保持液面达到规定高度。

装有制动压力调节器的汽车在放气过程中，应不断地按动汽车后部，要时刻观察制动液储液室内的制动液液面，随时添加制动液直至制动系统中的空气放净为止。

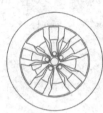

项目六
汽车电气系统拆装与检测 ▶▶▶

任务一　交流发电机的拆装与检测

一、交流发电机的不解体检测

交流发电机发生故障修理前，应先进行机械和电气方面的检查或测试，以初步确定故障的部位和程度。

1. 机械方面的检查

（1）检查外壳、挂脚等处有无裂纹或损坏。

（2）转动带轮，检查轴承阻力，以及转子与定子之间有无碰擦。

（3）手持带轮，前后、左右摇晃，以检查前轴承的轴向与径向间隙是否过大。

2. 电气方面的检查

解体前，可用万用表R×1挡测量普通交流发电机各接线柱之间的电阻值，以初步判断交流发电机内部是否有电气故障及故障所在部位和程度。常用交流发电机各接线柱间的电阻值如表6-1所示。

表6-1　常用交流发电机各接线柱间的电阻值

发电机型号	"F"与"–"间电阻/Ω	"+"与"–"间电阻/Ω	
		正向	反向
JF11、13、15、21、132N	4~7	40~50	≥10×10³
JFW14（无刷）	3.5~3.8	40~50	≥10×10³
夏利JFZ1542	2.8~3.0	40~50	≥10×10³
桑塔纳JFZ1913	2.8~3.0	65~80	≥10×10³

（1）测量交流发电机"F"与"–"之间的电阻值，即交流发电机磁场电路中的电阻值。不同类型的交流发电机，磁场电路的电阻值不同，一般只有几欧姆。若电阻超过规定值，说明电刷与集电环接触不良；小于规定值，表明磁场绕组有匝间短路；电阻为0，说明两个集电环之间短路或"F"接线柱搭铁；电阻为无限大即表针不动，说明磁场电路有断路处。

（2）测量"+"与"–"，或测量"+"与"F"之间的正、反向电阻值，以判断整流二极管有无短路、断路故障。用 MF47 型万用表的黑表笔接触交流发电机外壳，红表笔接触交流发电机"B"（或"+"）接线柱，测量反向电阻，阻值应为 40~50 Ω；交换红黑表笔，测量正向电阻，若电阻值为无限大即表针不摆动，说明整流二极管正常；若正向电阻值在 10 Ω，说明个别二极管击穿短路；若正向电阻值接近于零或等于零，说明正极管子和负极管子均有击穿短路故障。"N"表示交流发电机的中性点，在发电机内连接 Y 型定子绕组的公共点，其输出电压为交流发电机输出电子的一半；"F"连接交流发电机的磁场，通过连接这一个端子和搭铁，可以测量交流发电机磁场绕组的电阻。

（3）测量"N"与"−"、"N"与"+"之间的正、反向电阻值，可进一步判断故障所在。其判断方法见表 6-2。

表 6-2 测量"N"与"−"和"N"与"+"之间的正、反向电阻值的判断方法

测量部位	正向	反向	故障判断
"N"与"−"	10 Ω	≥10 kΩ	负元件板或端盖上的 3 只负极管子良好
	0 Ω	0 Ω	负元件板或端盖上的 3 只负极管子有短路故障或定子绕组有搭铁故障
"N"与"+"	10 Ω	≥10 kΩ	正元件板上的 3 只正极管子良好
	0 Ω	0 Ω	正元件板上的 3 只正极管子有短路故障

二、交流发电机的拆卸

交流发电机的拆卸按照以下操作步骤进行（以普通交流发电机为例）。

（1）拆下电刷及电刷架（外装式）紧固螺钉，取下电刷架总成，如图 6-1 所示。

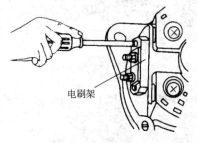

电刷架

图 6-1 电刷架拆解

（2）在前、后端盖上做记号，拆下连接前、后端盖的紧固螺栓（图 6-2），将其分解为与转子结合的前端盖和与定子连接的后端盖两大部分。

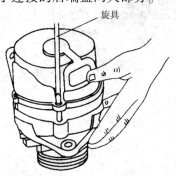

旋具

图 6-2 前、后端盖的分解

注意：不能单独将后端盖分离下来，否则会扯断定子绕组与整流器的连接线（即三相定子绕组端头）。

（3）将转子夹紧在台虎钳上，拆下带轮紧固螺母（图6-3）后，可依次取下带轮、风扇、半圆键、定位套。

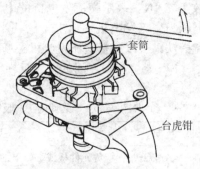

图6-3　皮带轮的分解

（4）将前端盖与转子分离，若该部位装配过紧，可用拉器拉开（图6-4）或用木锤轻轻敲，使其分离。

注意：铝合金前端盖容易变形，因此拆卸时应均匀用力。

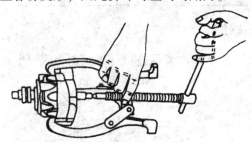

图6-4　前端盖的分解

（5）拆卸防护罩，拆卸图6-5所示的后端盖上的3个螺母（其中③兼作"-"接线柱），即可将防护罩取下。

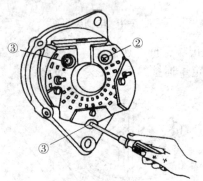

图6-5　后端盖的分解

对于整体式交流发电机，先拧下"B"端子上的固定螺母并取下绝缘套管；再拧下后防尘盖上的3个带垫片的固定螺母，取下后防尘盖；然后拆下电刷组件的两个固定螺钉和电压调节器的3个固定螺钉，取下电刷组件和集成电路（Integrated Circuit，IC）电压调节器总成；最后拧下整流器中二极管与定子绕组的引线端子的连接螺钉，取下整体式整流器总成，如图 6-6 所示。

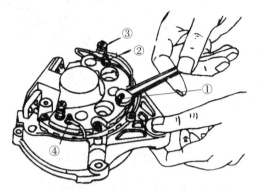

图 6-6　取下整体式整流器总成

（6）拆下定子上 4 个接线端（三相绕组首端及中性点）在散热板上的连接螺母，如图 6-7 所示，使定子与后端盖分离。

（7）拆下后端盖上紧固整流器总成的螺钉，取下整流板，如图 6-7 所示。

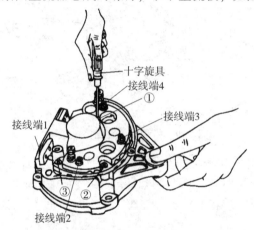

图 6-7　取下整流板

注意：若经检验所有二极管均良好，该步骤可不进行。

（8）零部件的清洗。对机械部分可用煤油或清洗液清洗，对电气部分如绕组、散热板及全封闭轴承等应用干净的棉纱擦拭去表面尘土、脏污。

交流发电机的拆解要按照工艺要求进行，禁止生敲硬卸而损坏机件。拆解的零件要按照规范清洗并顺序摆放。对有问题的零件和拆解复杂部位的顺序和连接方法，必要时要有详细记录。

三、交流发电机的检查

1. 转子检查

（1）励磁绕组的断路或短路的检查。用万用表测量励磁绕组电阻，两表针分别触在两集电环上，如图 6-8 所示。正常阻值为 2.7 ~ 20 Ω（不同型号的交流发电机略有差别）。如果阻值小于正常值，即为短路，若阻值为无限大，则为线头脱焊或断路。

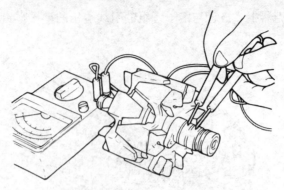

图 6-8 　励磁绕组的断路或短路的测量

（2）励磁绕组和集电环搭铁试验。即检查励磁绕组与铁心（或转子轴）之间的绝缘情况。如图 6-9 所示，万用表电阻挡置于 R×10k 挡，两表笔分别触爪极（转子轴）和集电环。若阻值为无限大，即为良好。若阻值较小，说明励磁绕组有搭铁故障，应检修。

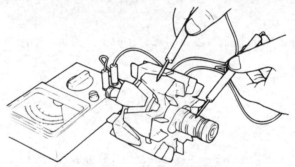

图 6-9 　检测励磁绕组搭铁故障

（3）集电环的检查。集电环表面应平整光滑，无明显烧损，否则应用 "00" 号纱布打磨。两集电环间隙处应无积物。集电环圆度误差不超过 0.025 mm，厚度不小于 1.5 mm。集电环厚度小于 1.5 mm 时，应将旧集电环在车床上车除，重新镶嵌集电环，焊接绕组抽头。

2. 定子检查。

（1）定子绕组断路的检查。如图 6-10 所示，用万用表 R×1 挡检测定子绕组三个接线端，两两相测，阻值应在 0.2~0.5 Ω 之间，若阻值为 ∞，说明绕组断路。断路故障应用功率为 35 W、额定电压为 220 V 的电烙铁焊接修复，若不能修复，应更换定子绕组或定子总成。

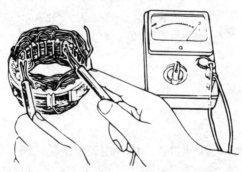

图 6-10 　检测定子绕组断路故障

（2）定子绕组搭铁检测。如图6-11所示，用万用表电阻最大挡检测定子绕组接线端与定子铁心间的电阻，应为∞，否则说明有搭铁故障。也可用数字式万用表导通挡位，若为0且万用表发出响声，说明有搭铁故障。若搭铁应更换定子绕组或定子总成。

因为定子绕组线径较粗，通过电流较大，发生断路或绕组搭铁故障多数情况是通过大电流发热造成的，因此可通过检查定子绕组的外观是否有发黑、线圈表面是否有掉漆以及是否能够闻到焦糊味等方面确定定子绕组的完好性。

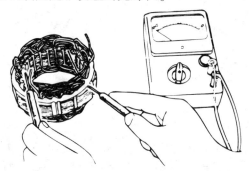

图6-11　检测定子绕组搭铁故障

3. 交流发电机整流二极管极性的判断

测量二极管，既可以使用指针式万用表，也可以使用数字式万用表。这两种仪表的结构如图6-12所示。

注意：数字式万用表红表笔是内部电池的正极，当使用其二极管挡位测量时，显示的数值表示的是二极管的正向压降值，单位是V。

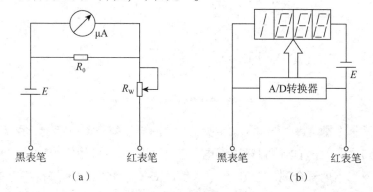

图6-12　万用表的结构
（a）指针式万用表的结构；（b）数字式万用表的内部结构

当整流器的极性无法直观判别时，可用万用表判断二极管的极性，方法如下。

（1）指针式万用表，黑表笔所接的是高电位，红表笔接的是低电位。极性判断的方法是用万用表R×100挡或R×1K挡，用红、黑表笔同时接触二极管的引线和外壳，然后对调表笔同时测量，在所测阻值小的测量中，黑表笔所接的是二极管的正极，红表笔所接的是二极管的负极。

（2）数字式万用表，同指针式万用表相反，红表笔所接的是万用表的高电位，黑表笔所接的是万用表低电位。极性的判断的方法是用万用表的二极管挡，用红、黑表笔同时接触二极管的引线和外壳，然后对调表笔测量，在所测量显示0.4~0.7 V的值时，红表笔所

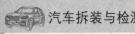
接的是二极管的正极，黑表笔所接的是二极管的负极。整流器的检测方法如图 6-13 所示。

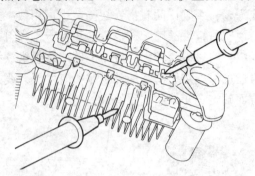

图 6-13　整流器的检测方法

4. 检查电刷组件

电刷表面不得有油污，且应在电刷架中活动自如，电刷磨损不得超过原高度的 1/2（用游标卡尺或钢板尺检测），电刷突出长度的测量如图 6-14 所示；检测电刷弹簧压力时，当电刷从电刷架中露出长度 2 mm 时，电刷弹簧力一般为 2~3 N；电刷架应无烧损、破裂或变形。

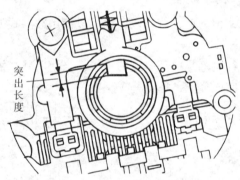

图 6-14　电刷突出长度的测量

电刷长度又称电刷高度，如图 6-15 所示，是指电刷露出电刷架的长度 l。更换电刷的方法如图 6-15 所示，先将电刷弹簧和新电刷装入电刷架，再用鲤鱼钳或尖嘴钳夹住电刷引线，使电刷露出高度符合规定数值（一般为 14 mm），最后用电烙铁将电刷引线与电刷架焊牢即可。

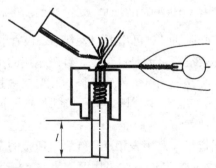

图 6-15　电刷长度及更换电刷的方法

四、交流发电机的装配

1）交流发电机的装配

应注意以下几点。

（1）各零部件应保持清洁。

（2）配合部位涂上机油润滑。

（3）各部位所配装的垫片（包括调整垫、绝缘垫等）应按要求装回，不能遗漏。

（4）对于整体式、内置式电刷交流发电机，将前、后端盖装复前，应注意将电刷压入电刷架内（用钢针从后端盖侧外侧的孔中插入，拖住电刷，钢针的操作方法如图6-16所示），以免在装复过程中折断。

（5）装配后应检查各转动部位是否能灵活转动。

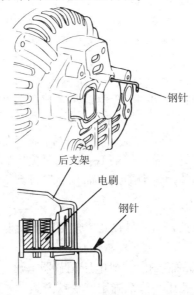

图6-16　内置式电刷交流发电机钢针的操作方法

2）装配按照与拆卸相反的顺序进行（以普通交流发电机为例）

（1）将整流器装到后端盖上，拧紧3颗固定螺钉。应注意各绝缘垫片不能漏装。装配后用万用表电阻高挡测量"B"接线柱与端盖间电阻应为∞。测量两散热板之间及绝缘散热板与端盖之间电阻，均应为∞。若上述电阻较小或为0，表明漏装了绝缘垫片或套管，应拆开重装。

（2）将定子总成与后端结合。装定子绕组上的4个接线端子从后端盖孔中穿出，将接线端分别连接在整流器的接线螺钉上。

（3）将前端盖装到转子轴上。先将前端盖上的轴承、轴承盖安装并紧固好，再将该部分套到转子轴上，若过盈量较大，可用木锤轻轻敲入。

（4）装配风扇、带轮。在转子轴上套上定位套、安装半圆键、风扇叶片、带轮、弹簧垫圈，拧紧带轮紧固螺母。

（5）交流发电机前、后端盖装复。装复过程中应注意使前、后端盖上交流发电机安装挂脚位置恰当（符合拆解标记）。上述两大部分结合后，穿上前、后端盖紧固螺栓并分数次拧紧，用手转动带轮，转子部分转动无阻力为正常。若转动阻力大或卡滞，应将前、后端盖坚固螺栓重新紧固，并转动带轮，直到转动无阻力为止。

（6）装复后端盖上的防护罩。

（7）安装电刷架总成。

（8）检验装配质量。使用万用表检测各接线柱和与外壳间的电阻值，应该符合参数要求。否则应拆解重装。

五、电压调节器的正确使用与检测

1. 电压调节器的正确使用

（1）电压调节器必须与交流发电机配套使用。即交流发电机的电压等级必须与电压调节器的电压等级相同，交流发电机的搭铁形式必须与电压调节器搭铁形式相同，若搭铁型式不匹配，可通过改变交流发电机励磁绕组的搭铁型来解决。

（2）电压调节器与交流发电机之间的线路连接必须正确。使用与维修时，必须正确接线，否则电源系不能正常工作，甚至会损坏电压调节器或交流发电机等电器部件，当电子电压调节器"+"与"－"接反时，控制励磁电流的大功率三极管的发射极成为反偏，极易被击穿损坏。此外，若有过压保护的稳压管，此管会正向导通而被大电流烧坏。当内搭铁型电压调节器"F"与"－"接反，或外搭铁型调压器"F"与"+"接反时，蓄电池电压在接通点火开关后，全部加在大功率三极管的集电极与发射极（不经励磁绕组），电压调节器极易被击穿烧坏。

（3）电压调节器必须受点火开关控制。因电压调节器控制励磁电流的大功率晶体管在交流发电机输出电压较低时始终导通，如果不受点火开关控制，当汽车停车时，大功率晶体管一直导通，会发热烧坏或使用寿命缩短，而且会导致蓄电池亏电。

2. 电压调节器的识别与代换

电子电压调节器分为内搭铁式与外搭铁式，使用时要检测其搭铁方式以及电压调节器性能，现分别介绍如下。

（1）电压调节器搭铁方式的检测。一般电压调节器上没有标出内搭铁式或外搭铁式的记号，使用中只能根据型号、使用车型来确定其搭铁方式。若搞不清其搭铁方式，可利用小灯泡的亮、灭来进行。如图6-17所示，将可调直流电源正极接在电压调节器"B"（或"+"）端，负极接电压调节器"E"（或"－"）端，将小灯泡一端接F端，另一端暂时悬空，稳压电源电压调到12 V（28 V电压调节器调到24 V）。先将小灯泡悬空的一端搭在电源"B"上，再接通开关，若灯亮，电压调节器为外搭铁式；若灯不亮，关断开关，并将小灯泡悬空的一端搭在搭铁端"E"上，此时灯亮，电压调节器为内搭铁式。

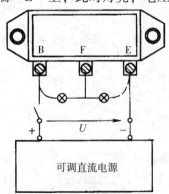

图6-17　电压调节器搭铁方式的检测

（2）电压调节器性能的检测。根据搭铁方式接好线路，如图6-18所示。先将可调直流电源电压调至12 V（14 V电压调节器）或24 V（28 V电压调节器），接通开关，此时灯泡应发亮；然后逐渐调高电源电压，小灯泡的亮度应随电压升高而增强，当电源电压升高到调节电压（14 V电压调节器为13.5~14.5 V，28 V电压调节器为27~29 V）时，小灯泡熄灭；最后将电源电压逐渐降低，当低于调节电压时，小灯泡又开始发亮，则说明电压调节器性能良好。若小灯泡始终发亮或始终熄灭，则说明电压调节器损坏，应予以更换。

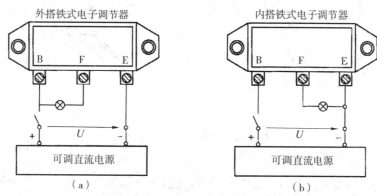

图6-18 电压调节器性能的检测

（a）外搭铁式晶体管电压调节器性能的检测；（b）内搭铁式晶体管电压调节器性能的检测

3. IC电压调节器的检查

由于IC都是用环氧树脂封装或塑料模压而成的全密封结构。因此，损坏或失调后，只能更换新品，故只需要判断IC电压调节器的好坏即可。在检查IC电压调节器前，必须弄清楚IC电压调节器引出线的根数、外部接线端子的含义，及其与交流发电机的接线方法，以防将电源极性接错。否则加上测试电压后，电压调节器会瞬时短路而损坏。

（1）IC外部接线端子符号代表的含义如下。

"B+"（或"+B""BATT"）：为交流发电机输出端子，用一根很粗的导线连接至蓄电池正极或起动机上，交流发电机通过此线为全车用电设备供电和给蓄电池充电。

"IG"：通过线束连接至点火开关，发动机正常运行时此线通电，电压调节器供电或提供电压检测信号，有的交流发电机上无此端子。

"L"：充电指示灯的连接端子，该导线向外通过点火开关连接仪表板上的充电指示灯，在交流发电机内一般接在电压调节器上。

"D+"：充电指示灯的连接端子，此符号多出现在具有三个磁场二极管的9管或11管交流发电机中，在交流发电机内部与三个磁场二极管、励磁绕组、电压调节器连接在一起。

"S"（或"R"）：为电压调节器的电压检测端子（蓄电池取样法中检测蓄电池的电压），通过一根稍粗的导线直接连接蓄电池的正极，中间一般没有开关控制或熔断丝。

"E"：交流发电机和电压调节器的搭铁端子。

（2）IC电压调节器的单件测试三引线IC电压调节器采用交流发电机电压检测法。首先要确定三根引线的名称和作用，以桑塔纳汽车的IC电压调节器为例，其IC电压调节器与电刷组件如图6-19所示，和交流发电机外壳相连的引线为D-接线柱（D-为搭铁，相当于"E"），为电压调节器的搭铁端（相当于 E 接柱）；和交流发电机整流器相连的一个电刷接线柱为 D+，为电压调节器的信号检测端子（相当于 B 接线柱，B 的含义为电源正极）；另一个电刷为 D_F，即交流发电机的励磁线（相当于 F 接线柱），与交流发电机励磁绕组相连，同时此电压调节器的搭铁方式为外搭铁式。明确三引线的作用后，测试电路如图 6-18（a）所示连接，测试方法同上。

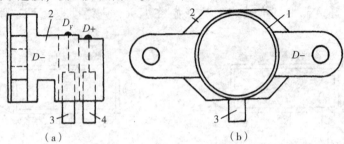

1—IC 电压调节器；2—电刷架；3—负电刷；4—正电刷。

图 6-19　桑塔纳汽车的 IC 电压调节器与电刷组件

(a) 右视图；(b) 主视图

（3）IC 电压调节器的就车检查。就车检查时，以东风日产蓝鸟汽车充电系统为例，拆下整体式交流发电机上所有连接导线，在蓄电池正极和交流发电机"L"接线柱之间串联一只 5A 电流表，若无电流表，可用试灯灯泡代替，再将可调直流稳压电源的"+"连接至交流发电机的"S"接头，"-"与交流发电机外壳或"E"相接，如图 6-20 所示。

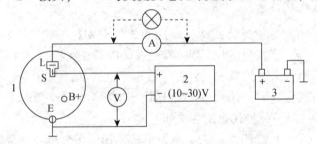

1—交流发电机；2—可调直流稳压电源；3—蓄电池。

图 6-20　IC 电压调节器的就车检查

接好后，调节直流稳压电源，使电压缓慢升高，直至电流表 A 指向零或测试灯泡熄灭，此时直流电压值就是 IC 电压调节器的调节电压值，若该值在 13.5~14.5 V 之间，说明 IC 调节正常。否则，说明该 IC 电压调节器有故障。

在上述两种测试中，如果电压表的读数不符合上述范围，说明 IC 电压调节器内部存在故障，这时只有更换 IC 电压调节器。

六、电压调节器的替代方法

电压调节器损坏后，最好选用原型号电压调节器。但在不得已的情况下，也可以用其他型号临时替代。替代时，除了要注意电压调节器的调压值必须与交流发电机匹配外，与交流发电机的线路连接也应做相应的改动。

1）用触点式电压调节器替代

触点式电压调节器一般是控制交流发电机励磁绕组的火线，为内搭铁式。

（1）替代外装型内搭铁式电压调节器时，触点式电压调节器"+"接柱接点火开关"IG"或"15"端子，"F"接柱接交流发电机"F"接柱或"磁场"接柱。

（2）替代外装型外搭铁式晶体管电压调节器时，应先将外搭铁式交流发电机改为内搭铁式交流发电机，即将交流发电机励磁绕组与"+"连接的一端直接搭铁，另一端接触点式电压调节器的"F"端子，再按替代外装型内搭铁式电压调节器的接线方法，连接触点式电压调节器与交流发电机。

（3）替代内装型（整体式交流发电机）IC电压调节器时，因交流发电机的励磁绕组两端并未引出交流发电机壳体外，且一般都带有充电指示灯的控制，所以交流发电机的改动较多：首先要将有故障的IC电压调节器从交流发电机内拆下；其次将励磁绕组的输入端（与充电指示灯L、励磁二极管VD_L相连的一端）完全断开，并引出交流发电机壳体外（注意与交流发电机壳体的绝缘），且定义该引出线为"F"接柱；再次将励磁绕组的输出端（与IC电压调节器"F"接柱相连的一端）直接搭铁；最后按替代外装型内搭铁式电压调节器的接线方法，连接触点式电压调节器与交流发电机。此外，充电指示灯的控制只能改为其他的控制形式。

2）内搭铁式或外搭铁式晶体管电压调节器的相互替代

与触点式电压调节器替代其他形式的电压调节器一样，在内搭铁式或外搭铁式晶体管电压调节器的相互替代时，不可能对晶体管电压调节器做任何改动，只能选择对交流发电机及其线路的连接做相应的变动。

（1）内搭铁式晶体管电压调节器配外搭铁式交流发电机。将交流发电机励磁绕组的输入端F_1（与点火开关"IG"或"15"端子相连的接柱）定义为"F"接柱，并与内搭铁式晶体管的"F"接柱相连；将交流发电机励磁绕组的输出端F_2（与原外搭铁式晶体管的"F"相连的接柱）直接搭铁；内搭铁式晶体管电压调节器的"+"端子接点火开关"IG"或"15"端子，"−"端子接搭铁。

（2）外搭铁式晶体管电压调节器配内搭铁式交流发电机。将交流发电机励磁绕组输出端的搭铁片拆去后，与外搭铁式晶体管电压调节器的"F"端子相连；将交流发电机励磁绕组的输入端子"F"接柱与点火开关"IG"或"15"端子相连；外搭铁式晶体管电压调节器的"+"端子接点火开关"IG"或"15"端子，"−"端子接搭铁。

任务二 起动机的拆装与检测

一、起动机的正确使用与维护

1. 起动机的使用注意事项

（1）每次接通起动机的时间应不超过5 s，重复起动时应间隔15 s。

（2）冬季和低温地区冷车起动时，应先预热发动机，再使用起动机。

（3）起动发动机，并将变速杆置于空挡位置，踩下离合器踏板，严禁通过挂挡起动来移动车辆。

（4）发动机起动后，应立即松开点火开关（或起动按钮），使起动机停止工作，以减小单向离合器不必要的磨损。

（5）发动机工作时，严禁将起动机投入工作。

（6）当发动机连续几次不能起动时，应对起动电路及起动机有关部位进行检查，排除故障后再起动。

（7）发动机起动后，若起动机不能停转，应立即关闭电源总开关或拆除蓄电池搭铁线，同时应进行故障查找。

2. 起动机维护要点

（1）经常检查起动电路各导线连接是否牢固，绝缘是否良好。

（2）经常保持起动机机体和各部件的清洁干燥。汽车每行驶 300 km 应检查并清洁换向器。

（3）汽车每行驶 5 000~6 000 km，应检查电刷的磨损程度及电刷的弹簧压力。

（4）经常检查传动机构和控制装置的活动部件，并按规定进行润滑。

（5）起动机一般每年应进行一次维护性检修，可视实际情况适当地缩短或延长。

二、起动机的拆装与调整

1. 起动机的分解与组装

（1）起动机的分解和清洗。先将待修理起动机的外部清洗干净，拆下防尘箍。再用钢丝钩提起电刷弹簧，取出电刷，旋出组装螺栓，使前端盖、起动机外壳、电枢分离开。最后拆下中间轴承板、拨叉和离合器。

在起动机分解过程中，要将所有金属零部件浸入汽油、煤油或柴油中洗刷干净，对绝缘部件用干净的布沾少量汽油擦拭。清洗时也可以采用金属洗涤剂。清洗完毕，待风干后送检或组装。

（2）组装。起动机的组装顺序与分解相反，但要注意的是，在组装起动机前应将起动机的轴承和滑动部位涂以润滑脂。组装完成后应转动灵活，电枢轴的轴向间隙不大于0.05~1.00 mm。

2. 起动机的调整

对于现代汽车所用起动机取消了调整的功能，但大型车辆上所用的起动机还存有调整功能，下面以 321 型起动机为例说明起动机的调整方法。

（1）驱动小齿轮与限位环圈之间的间隙调整。将动铁芯向内推压到极限位置时，驱动小齿轮与限位环圈之间的间隙应为 4~5 mm，若不符合标准，可通过对调整螺钉进行调整使其达到标准。调整时，先将紧固螺母松开，抽出铰接销钉，再把调整螺钉旋进或旋出，从而改变间隙。

（2）驱动小齿轮端面与传动端壳凸缘之间的距离调整。如果驱动小齿轮端面与传动端壳凸缘之间的距离不符合标准（32.5~34 mm），可通过调整限位螺钉使其达到标准。调整时，先松开固定螺母，再把限位螺钉旋出或旋入，从而改变其距离。

三、起动机的检测

1. 电枢的检测

电枢绕组易发生的故障有断路、短路和搭铁。

（1）电枢绕组搭铁的检测。如图 6-21 所示，用万用表，测量换向器的每个铜条与电枢轴之间的电阻，应为∞，否则，表示换向器铜条有短路，应更换电枢。

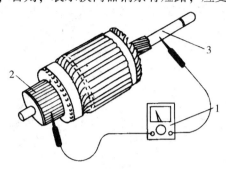

1—万用表；2—换向器；3—电枢轴。

图 6-21　电枢绕组搭铁的检测

（2）换向器表面的检查。如图 6-22 所示，若粗糙，用砂纸轻轻打磨。

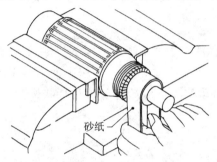

砂纸

图 6-22　换向器表面的检查

2. 换向器的检测

（1）换向器最小直径的测量。如图 6-23 所示，用卡尺测量换向器的直径，不得小于使用极限值（起动机 QD1225 为 33.5 mm）。电枢上换向器的直径磨损到一定程度时，应更换电枢。

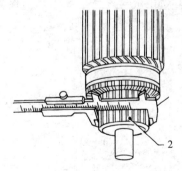

1—游标卡尺；2—换向器。

图 6-23　换向器最小直径的测量

（2）换向器磨损情况的检测。如图 6-24 所示，检查换向器的绝缘云母片的深度，标准值为 0.5~0.8 mm，使用极限值为 0.2 mm。超过极限值时，应用锉刀进行修理，修整时锉刀应与换向器外圆母线平行。

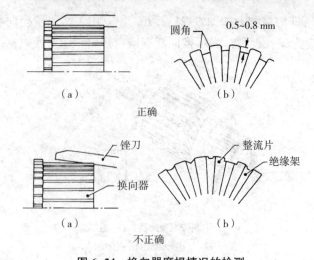

图 6-24　换向器磨损情况的检测

(a) 检查和修整；(b) 修整后的形状

3. 电刷的检测

(1) 电刷长度的检查。如图 6-25 所示，用卡尺测量电刷长度，应不小于新电刷的 2/3（QD1225 最小长度为 11.5 mm）。如果小于极限值，应予以更换。电刷与换向器的接触面积应大于 75%。电刷在电刷架内应活动自如无卡滞现象。

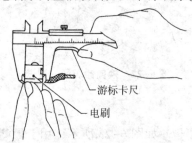

图 6-25　电刷长度的检查

(2) 电刷弹簧拉力的检查。如图 6-26 所示，用弹簧秤测量电刷弹簧拉力，应在 18～22 N之间。如果达不到规定值，应更换新的电刷弹簧。

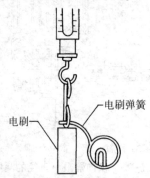

图 6-26　电刷弹簧拉力的检查

4. 磁场绕组的检测

（1）磁场绕组断路的检查。如图 6-27 所示，用万用表测量磁场绕组的正极端与电刷之间的电阻，应为 0。否则，说明磁场绕组断路，应更换。

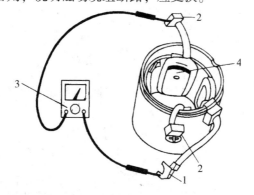

1—磁场绕组的正极端；2—电刷；3—万用表；4—磁场绕组。

图 6-27　磁场绕组断路的检查

（2）磁场绕组对壳体短路的检查。如图 6-28 所示，用万用表测量磁场绕组的正极端与定子壳体之间的电阻，应为 ∞。否则，表示磁场绕组与壳体短路，应更换。

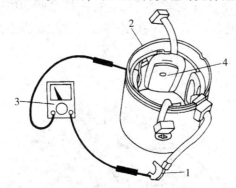

1—磁场绕组的正极端；2—定子壳体；3—万用表；4—磁场绕组。

图 6-28　磁场绕组对壳体短路的检查

5. 电磁开关检测

（1）弹簧复位功能的检查。用手先将挂钩及活动铁芯压入电磁开关，然后放松，如图 6-29 所示，活动铁芯应能迅速复位。若铁芯不能复位或出现卡滞现象，则应更换复位弹簧或电磁开关总成。

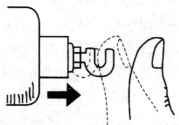

图 6-29　弹簧复位功能的检查

（2）保持线圈的检查。如图 6-30 所示，从磁场绕组接线柱上拆下磁场绕组正极端后，用万用表测量电磁开关接线柱（"50"端子）与电磁开关壳体之间的电阻，应为 0~2 Ω。否则，表示保持线圈断路，应更换电磁开关。

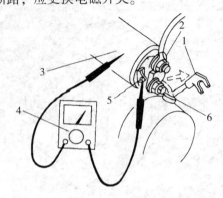

1—磁场绕组正极端；2—主接线柱（"30"端子）；3—电磁开关；4—万用表；

5—电磁开关接线柱（"50"端子）；6—磁场绕组接线柱（"C"端子）。

图 6-30　保持线圈的检查

（3）吸拉线圈的检查。如图 6-31 所示，从磁场绕组接线柱上拆下磁场绕组正极端，用万用表（R×1 挡）测量电磁开关与磁场绕组接线柱之间的电阻，应为 0~2 Ω。否则，表示吸引线圈断路，应更换电磁开关。一般来说，同一起动机的保持线圈电阻较吸引线圈电阻大一些。

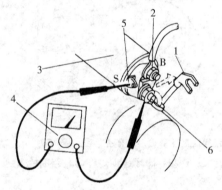

1—磁场绕组的正极端；2—主接线柱（"30"端子）；3—电磁开关；4—万用表；

5—电磁开关接线柱（"50"端子）；6—磁场绕组接线柱。

图 6-31　吸拉线圈的检查

6. 单向离合器的检测

将单向离合器夹在台虎钳上，用扭力扳手转动，如图 6-32 所示，应能承受制动实验时的最大转矩而不打滑。以 2201 型汽车起动机为例，其单向离合器能承受 25.5 N·m 的转矩而不打滑，否则应拆开进行修理。摩擦片式单向离合器在承受大于 117 N·m 转矩时应不打滑，而在承受大于 176.4 N·m 的转矩时应能打滑。若不符合规定，可在压环与摩擦片之间增减垫片予以调整。

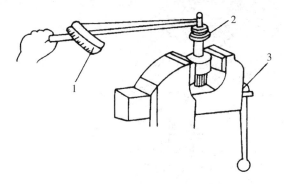

1—扭力扳手；2—单向离合器；3—台虎钳。

图 6-32　单向离合器的检测

四、起动机的调整

修复后的起动机必须进行调整。在使用中若出现齿轮啮合不良、有冲撞声、起动困难等现象，均应进行必要的调整。

（1）驱动齿轮与止推垫圈之间的间隙调整。如图 6-33 所示，先将电磁开关的活动铁心推至使其开关刚好接通的位置，再测量驱动齿轮与止推垫圈之间的间隙，一般为 4~5 mm，若不符合，可拧入或旋出连接螺杆进行调整。然后将活动铁芯顶到极限位置，此时驱动齿轮与止推垫圈之间的间隙应为 1.5~2.5 mm，若不符合，可调整齿轮行程限位螺钉。

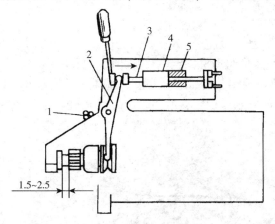

1.5~2.5

1—齿轮行程限位螺钉；2—拨叉；3—连接螺杆；4—活动铁芯；5—挡铁。

图 6-33　驱动齿轮与止推垫圈之间的间隙调整

（2）电磁开关的调整。电磁开关的调整主要是调整点火线圈附加电阻短路接线柱与接触片的接通时刻。调整时只需将辅助接触片作相应的弯曲。

（3）驱动齿轮端面与驱动端盖突缘面之间的间隙调整。部分汽车的起动机（如 EQ1090、BJ212 等），规定了起动机驱动齿轮端面与驱动端盖突缘面之间的间隙，如图 6-34 所示。EQ1090 的规定值为 29~32 mm，BJ212 的规定值为 32.5~34 mm。若不符，可调整齿轮行程限位螺钉。

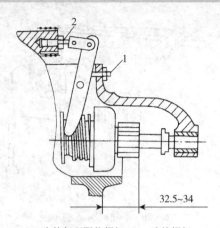

1—齿轮行程限位螺钉；2—连接螺杆。

图6-34 驱动齿轮端面与驱动端盖突缘面之间的间隙调整

五、起动机的简易试验

修复后的起动机，可用简易方法进行电磁开关和空载性能试验；新生产的起动机应在专用试验台上进行空载性能和制动性能试验。每项试验应在 3～5 s 内完成，以防烧坏线圈。

汽车起动机一般都安装在发动机侧面，将其安装到汽车上操作十分不便。为了检查起动机维修质量和减少维修工作量，修复后的起动机可固定在虎钳上进行简易的试验，试验前应先将蓄电池充足电。

1. 电磁开关简易试验

（1）吸拉动作试验。将起动机固定在台虎钳上，拆下起动机"C"端子上的磁场绕组电缆引线端子，用带夹电缆将起动机"C"端子和电磁开关壳体与蓄电池负极连接，吸拉动作试验线路如图 6-35 所示。用带夹电缆将起动机"50"端子与蓄电池正极连接，此时驱动齿轮应向外移动。若驱动齿轮不动，说明电磁开关有故障，应予以修理或更换。

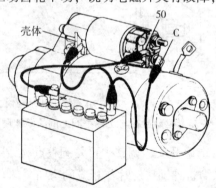

图6-35 吸拉动作试验线路

（2）保持动作试验。在吸拉动作基础上，当驱动齿轮保持在伸出位置时，拆下电磁开关"C"端子上的电缆夹，保持动作试验方法如图 6-36 所示。此时驱动齿轮应保持在伸出位置不动，若驱动齿轮回位，说明保持线圈断路，应予以修理。

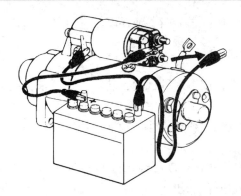

图 6-36 保持动作试验方法

（3）回位动作试验。在保持动作的基础上，再拆下起动机壳体上的电缆夹，回位动作试验方法如图 6-37 所示。此时驱动齿轮应迅速回位，若驱动齿轮不能回位，说明回位弹簧失效，应更换弹簧或电磁开关总成。

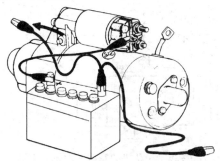

图 6-37 回位动作试验方法

2. 空载性能简易试验

测试起动机的空载性能时，先将蓄电池充足电，再按以下方法和顺序进行试验。

（1）将磁场绕组引线（永磁式起动机为正电刷引线）电缆连接到电磁开关"C"端子上；

（2）用带夹电缆将蓄电池负极与电磁开关壳体连接，将量程为 0～100 A 以上的直流电流表连接在蓄电池正极与电磁开关的"30"端子之间，试验线路如图 6-38（a）所示；

（3）当将"50"端子与"30"端子连接时，试验方法如图 6-38（b）所示，驱动齿轮应向外伸出并平稳地运转。测量电流、电压和转速等各项指标应符合空载性能指标规定。

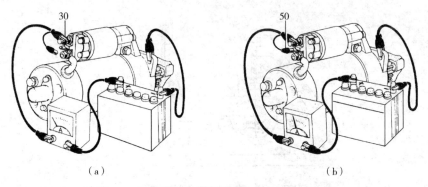

（a）   （b）

图 6-38 起动机简易空载试验线路与试验方法

（a）试验线路；（b）试验方法

通常当蓄电池电压不小于 11.5 V 时，消耗电流应不超过 90 A，转速不低于 5 000 r/min。

六、起动机的性能试验

起动机修复后，必须进行以下两种试验，若不符合要求，应重新检查和修理。

1）空载性能试验

测量起动机的空载电流和空载转速并与标准值比较，以判断起动机内部有无电路和机械故障。其试验方法如下。

将起动机夹在虎钳上，按图 6-39 接线。接通起动机电路（每次试验不要超过 1 min，以免起动机过热），起动机应运转均匀、电刷下无火花。记下电流表、电压表的读数，并用转速表测量起动机转速，其值应符合规定值。

若电流大于标准值，而转速低于标准值，则表示起动机装配过紧或电枢绕组和磁场绕组内有短路或搭铁故障。若电流和转速都小于标准值，则表示起动机线路中有接触不良的地方（如电刷弹簧压力不足、换向器与电刷接触不良等）。

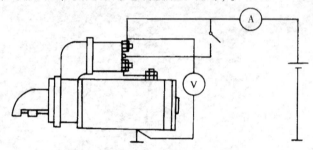

图 6-39　起动机的空载性能试验电路

2）制动性能试验

制动性能试验应在空载性能试验的基础上进行，空载性能试验不合格的起动机应不进行制动性能试验。制动性能试验的目的是测量起动机在完全制动时所消耗的电流（制动电流）和制动力矩，以判断起动机主电路是否正常，并检查单向离合器是否打滑，其试验方法如下。

将起动机夹持在试验台上，使杠杆的一端夹住起动机驱动齿轮的三个齿，起动机的全制动试验如图 6-40 所示，电路连接与空转试验相同。接通起动机电路，呈现制动状态，观察单向离合器是否打滑并迅速记下电流表、电压表、弹簧秤的读数，其值应符合规定值。

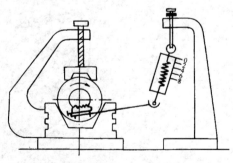

图 6-40　起动机的全制动试验

若制动力矩小于标准值而电流大于标准值，则表明磁场绕组或电枢绕组中有短路和搭铁故障。若制动力矩和电流都小于标准值，则表明线路中接触电阻过大。若驱动齿轮锁止而电枢轴有缓慢转动，则表明单向离合器有打滑现象。

注意：每次试验通电时间不要超过 5 s，以免损坏起动机及蓄电池。试验中，工作人员应避开弹簧秤夹具，防止发生人身事故。

桑塔纳的起动机功率为 0.95 kW，当制动电流小于 480 A 时，输出最大力矩应不小于 13 N·m。

任务三 点火系统的检测

一、点火系统主要部件的检测

1. 点火线圈的检测

主要包括外部检验和初次级绕组断路、短路、搭铁检验。

1）外部检验

检查点火线圈的外表，若绝缘盖破裂或外壳破裂，因容易受潮而失去点火能力，应及时更换。

2）初次级绕组断路、短路、搭铁检验

用万用表测量点火线圈的初级绕组、次级绕组以及附加电阻的电阻值，应符合技术标准，否则说明有故障，应及时更换。电子点火系统的点火线圈为高能点火线圈，初级绕组的电阻一般较小，检测时可参考维修手册。例如，桑塔纳汽车点火线圈初级绕组的电阻为 0.52~0.76 Ω，次级绕组的电阻为 2.4~3.5 kΩ；奥迪汽车点火线圈初级绕组的电阻为 0.6~0.7 Ω，次级绕组的电阻为 2.5~3.5 kΩ。

（1）初级绕组的电阻检测：用万用表电阻挡测量"+"与"-"端子间的电阻，如图 6-41 所示。

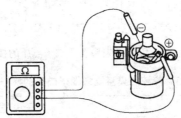

图 6-41 初级绕组的电阻检测

（2）次级绕组的电阻检测：用万用表电阻挡测量"+"与中央高压端子间的电阻，如图 6-42 所示。

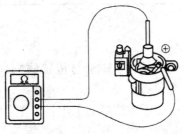

图 6-42 次级绕组的电阻检测

（3）附加电阻的电阻检测：用万用表直接接于附加电阻的两端子上，如图 6-43 所示。

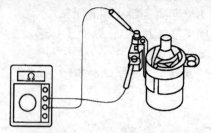

图 6-43　附加电阻的电阻检测

2. 断电器触点间隙的检测

当断电器凸轮顶开触点最大间隙时，用塞尺测量其间隙应为 0.35～0.45 mm。

3. 传统点火系统各端子电压的检测

根据图 6-44，用万用表的直流电压挡量出在断电器的触点闭合和断开两种状态下各端子间的电压值，并将检测结果记入表中。通过此项检测，可在一定程度上判断传统点火系统初级电路的故障情况。当蓄电池电压为 12 V 时，传统点火系统各端子电压的检测数据如表 6-3 所示。

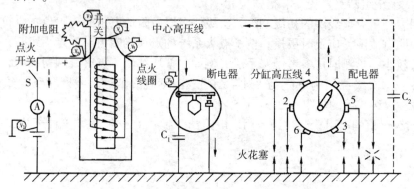

图 6-44　传统点火系统各端子电压的检测

表 6-3　传统点火系统各端子电压的检测数据

触点开闭	端子电压/V					
	V_1	V_2	V_3	V_4	V_5	V_6
触点闭合	12.6	12.6	6.3	6.3	0.2	0.2
触点断开	12.6	12.6	12.6	12.6	12.6	12.6

4. 信号发生器的检测

1）磁感应信号发生器的检测

（1）检查信号发生器的间隙，信号转子与传感线圈铁芯之间的间隙一般为 0.2～0.4 mm。如果不符合标准值，应进行调整。

（2）用万用表测量信号发生器感应线圈的电阻，应符合标准值。

2）霍尔信号发生器的检测

霍尔信号发生器有 3 根引线，分别为"+""−"和"S"。检测时，分别测"+"与

"–"电压和"S"与"–"电压，然后与维修手册中的标准值比较，判断是否有故障。霍尔信号发生器位于分电器内，引出的3根导线分别如下。

（1）霍尔信号发生器的"+"极，红/黑色，接点火控制器"5号"端子。

（2）霍尔信号发生器的输出信号端子"S"，绿/白色，接点火控制器"6号"端子。

（3）霍尔信号发生器的"–"极，棕/白色，接点火控制器"3号"端子。

用万用表测量霍尔信号发生器的"+"与"–"之间的电压应为11~12 V。测量"S"与"–"之间的电压，当转子缺口对正霍尔元件的气隙时，应为0.3~0.4 V；反之则为11~12 V。

5.点火控制器的检测

1）电磁感应式电子点火系统中的点火控制器的检测

（1）如图6-45所示，用一只1.5 V的干电池代替信号发生器，接到点火控制器信号输入端子上。

（2）正接时，点火线圈的初级绕组导通，用万用表测量点火线圈的"–"接线柱与搭铁之间的电压，应为1~2 V，如图6-45（a）所示。

（3）将电池的极性颠倒后，再进行测量，其值应为12 V，如图6-45（b）所示。若与上述不符，说明点火控制器有故障，应更换。

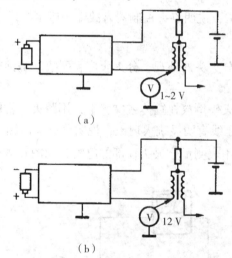

图6-45 电磁感应式电子点火系统中的点火控制器的检测
（a）干电池正接；（b）干电池反接

2）霍尔效应式电子点火系统中的点火控制器的检测

检查点火控制器，应掌握点火控制器的接线。以桑塔纳轿车为例，其点火控制器的接线如图6-46所示，1接点火线圈"–"（绿色）；2接电源负极（棕色）；3接霍尔信号发生器"–"（棕/白色）；4接点火线圈"+"（黑色）；5接霍尔信号发生器"+"（红/黑色）；6接霍尔信号发生器信号输出"S"（绿/白色）。

（1）接通点火开关，用万用表测量1端子与4端子之间的电阻，应为0.52~0.76 Ω。

（2）测2端子与4端子之间的电压应为12 V。

（3）测3端子与5端子之间的电压应为11~12 V。

（4）测3端子与6端子之间的电压时，应慢慢转动分电器轴，其电压应在0.3~0.4 V

与 11~12 V 之间变化。

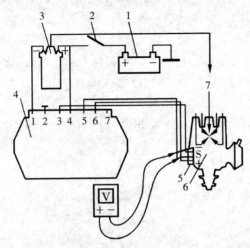

1—蓄电池；2—点火开关；3—点火线圈；4—点火控制器；5—霍尔信号发生器插接器；6—分电器；7—高压线。

图 6-46　点火控制器的接线

（5）将电压表接在点火线圈的"＋"与"－"接线柱上，接通点火开关，观察电压表读数应大于 2 V，1~2 s 后，压降为 0。

若上述检测结果不正常，说明点火控制器有故障，应更换。

6. 分火头的检测

（1）外观检查。观察分火头的外观，分火头应无裂痕、烧蚀或击穿等现象，否则应更换新件。

（2）漏电检查。将分火头倒放在缸体或缸盖上，用跳火正常的分缸高压线将高压电引到分火头上，如果分缸高压线有明显跳火现象，说明分火头已漏电，应更换新件。

（3）测量电阻。用万用表测量分火头顶部的电阻，如图 6-47 所示，正常值应为（1 ± 0.4）kΩ。

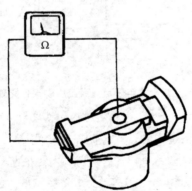

图 6-47　测量分火头顶部的电阻

7. 高压导线的检查

（1）高压线电阻的检查。如图 6-48 所示，中央高压线电阻标准值一般均不相同，例如，桑塔纳汽车的中央高压线电阻标准值不大于 2.8 kΩ，奥迪汽车中央高压线电阻标准值不大于 2 kΩ；分高压线电阻标准值，桑塔纳汽车分高压线电阻标准值不大于 7.4 kΩ，奥迪汽车分高压线电阻标准值不大于 6 kΩ。

（2）火花塞插头电阻的检查。如图 6-49 所示，用万用表测量火花塞插头的电阻值，一般为（1 ±0.4）kΩ（无屏蔽）和（5 ±1.0）kΩ（有屏蔽）。

（3）防干扰接头电阻的检查。如图 6-50 所示，用万用表测量防干扰接头的电阻值，一般为（1 ±0.4）kΩ。

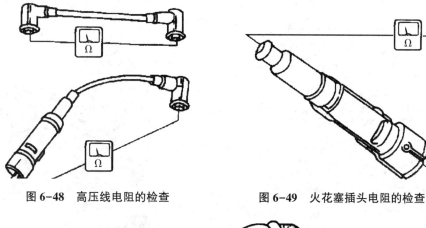

图 6-48　高压线电阻的检查　　　　图 6-49　火花塞插头电阻的检查

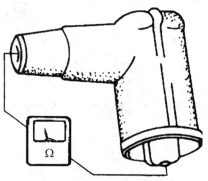

图 6-50　防干扰接头电阻的检查

二、点火正时的检查与调整

为保证气缸中的混合气在正确的时间被点燃，在安装分电器或更换燃油品种时，要靠人工确定和调整初始点火提前角。点火正时是否正确对发动机的性能影响很大，点火时间过早会造成发动机的爆燃燃烧，使发动机局部过热，燃料消耗增加，功率降低；点火时间过晚会使发动机燃烧所产生的最大压力下降，功率降低，经济性下降。因此，在发动机的使用与维修中，要确保分电器点火系统点火正时的准确。

1. 点火正时的检查

1）就车检查点火正时

就车判断点火正时时，应使发动机处于正常工作温度（70~80℃）下怠速运转，当突然加速时，如果发动机速度急速提高并伴有短促而轻微的突爆声（轻微爆燃），而后很快消失则为点火正时；如果发动机转速不能随节气门开大而增大，发动机发闷且排气管出现"突突"声，则为点火过迟；如果发动机出现严重的金属敲击声，即爆燃（敲缸），则为点火过早。点火过早或过迟的一般调整方法是松开分电器壳体固定螺栓，将分电器轴按顺时针或逆时针方向转动少许，直至调好点火正时。

2）使用正时灯检查点火正时

点火正时标记如图 6-51 所示，查找并验证飞轮或曲轴前端皮带盘上 1 缸压缩终了上止点标记和点火提前角标记，擦拭使其清晰可见，若标记不清晰，最好用粉笔或油漆将标记描白。

将正时灯（图 6-52）正确连接到汽车发动机上，将传感器夹在 1 缸高压线上，且箭头方向指向火花塞，红、黑蓄电池夹分别与蓄电池正、负极连接。

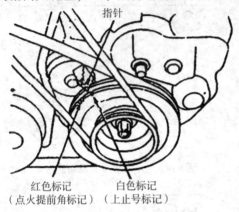

指针

红色标记
（点火提前角标记）

白色标记
（上止号标记）

图 6-51　点火正时标记

图 6-52　正时灯

起动发动机至正常工作温度状态，保持在息速下稳定运转。打开正时灯并对准点火正时标记（图 6-51），调整正时灯电位器，使点火正时标记清晰可见，与固定不动一样。此时表头读数即为发动机息速运转时的点火提前角。用同样的方法分别测出不同工况、转速时的点火提前角并记录。

2. 点火正时的调整

1）静态调整

为了保证发动机气缸中的混合气在正确的时间被点燃，在往发动机上安装分电器总成和更换燃油品种时，要靠人工调整起始的点火提前角，这一工作通常被称为点火正时。点火正时即点火系统的高压电火花准时点着发动机气缸内的混合气。调整点火正时是在将分电器安装到发动机上时，通过调整和校正点火时机，使点火系统的高压电火花能准时点着气缸内的混合气。

点火正时均以第一缸为基准。一般操作步骤如下。

（1）检查断电器触点间隙，并将触点间隙调至规定范围，一般为 0.35~0.45 mm。

（2）找出第一缸压缩行程上止点的位置。方法是先拆下第一缸的火花塞，用大拇指（或棉纱团）堵住火花塞孔，摇转曲轴，当感到有较大的气体压力从手指下冲上来或棉纱团被冲出时缓慢转动曲轴，同时检查飞轮与离合器壳或曲轴皮带轮与正时齿轮盖上的正时标记，对于初始点火提前角为 0 的发动机，使正时标记对齐。对于初始点火提前角不为 0 的发动机（如东风 EQ1090 型汽车等），为了便于下一步确定点火时刻，应使飞轮上初始点火提前角相对应的点火正时标记，即点火线与离合器壳上第一缸上止点正时标记对齐。例如，解放 CA1091 型汽车是使飞轮罩壳上的刻度与飞轮上的正时符号 $\left(\dfrac{\text{上止点}}{1-6}\right)$ 对准；东风 EQ1090 型汽车是使飞轮上的钢球与检查孔上的刻度线对准；跃进 NJ130 和北京 BJ2020 是使正时齿轮盖上的指针与曲轴前端皮带轮上的正时符号对准。

（3）确定断电器触点刚打开时的位置。旋松分电器壳体夹板固定螺钉（东风 EQ1090 型汽车则为松开压板的紧固螺栓），拔出中央高压线，使其端头离开缸体 3~4 mm 处。接通点火开关，然后将分电器壳体顺正常旋转方向转动，使触点闭合。再反向转动壳体至中央高压线端头与缸体之间跳火，即触点是处于刚打开位置。

（4）按点火顺序接好高压线。第一缸的高压线应插在正对分火头的旁电极的插座内，然后顺着分火头的旋转方向，按点火次序接好通往其他各缸火花塞的高压线。一般六缸发动机的点火次序为 1→5→3→6→2→4，四缸发动机为 1→2→4→3（如北京 BJ2020，且为逆时针旋转）或 1→3→4→2。红旗汽车 V 型八缸发动机的点火次序为 1→8→4→3→6→5→7→2（气缸次序是自车前向后，左面为 1、3、5、7；右面为 2、4、6、8），但也有不同，应以制造厂的说明为准。

（5）起动发动机，检查点火正时。起动发动机，使冷却液温度上升到 70~80℃，在发动机怠速旋转时突然加速。若转速不能随节气门的打开而立即增高，感到"发闷"，或在排气管中有突突声，则为点火过迟，若发动机内出现金属敲击声，则为点火过早。点火过早时，应顺着分电器轴旋转方向转壳体；过迟时，则反向转动分电器壳体。

（6）汽车在行驶中进行检查。将发动机走热至 70~80℃，在平坦的道路上以直接挡行驶，突然将加速踏板踏到底，若在车速急增时能听到微弱的敲击声，且很快消失，表示点火时间正确；若听到有明显的金属敲击声，说明点火过早；若加速时感到发闷，且无敲击声，说明点火过迟，应停车，转动分电器壳体进行调整，经反复试验，直到合适为止。

2）动态调整

发动机运转过程中旋松分电器固定螺钉，点火过早时，顺着分电器轴旋转方向转动分电器壳体；点火过迟时，则反向转动分电器壳体。

参 考 文 献

[1] 林平. 汽车发动机机械系统构造与检修 [M]. 北京：人民邮电出版社，2011.

[2] 刘春晖. 汽车发动机机械系统构造与检修 [M]. 北京：机械工业出版社，2015.

[3] 刘春晖. 汽车底盘机械系统的检测与维修 [M]. 北京：机械工业出版社，2015.

[4] 刘春晖. 汽车电气设备检修与技术详解 [M]. 2 版. 北京：机械工业出版社，2015.

[5] 董继明. 汽车拆装与调整 [M]. 2 版. 北京：机械工业出版社，2019.

[6] 王敏. 汽车拆装实训教程 [M]. 北京：化学工业出版社，2018.

[7] 崔选盟. 汽车结构与拆装技术（上册）[M]. 北京：人民交通出版社，2013.

[8] 严循进，郑志刚. 汽车底盘拆装与调整 [M]. 西安：西北工业大学出版社，2018.

[9] 王海涛，王亮亮. 汽车拆装实训 [M]. 西安：西安交通大学出版社，2018.

[10] 黄艳玲，田有为. 汽车发动机机械系统检测与修复 [M]. 3 版. 北京：机械工业出版社，2021.

[11] 胡胜. 汽车发动机构造与维修 [M]. 北京：机械工业出版社，2012.

[12] 陈家瑞. 汽车构造 [M]. 3 版. 北京：机械工业出版社，2009.

[13] 李庆军，王月雷. 汽车发动机构造与维修 [M]. 2 版. 北京：中国铁道出版社，2020.

[14] 李国朝，赵宏伟. 汽车拆装实训 [M]. 天津：天津科学技术出版社，2018.